PROCURADORIA DA FAZENDA NACIONAL

Guia completo sobre como se preparar para a carreira

COLEÇÃO APROVADOS
Aprenda com quem tem história para contar

RODOLFO BOTELHO CURSINO

PROCURADORIA DA FAZENDA NACIONAL

Guia completo sobre como se preparar para a carreira

2018

www.editorajuspodivm.com.br

www.editorajuspodivm.com.br

Rua Mato Grosso, 175 – Pituba, CEP: 41830-151 – Salvador – Bahia
Tel: (71) 3363-8617 / Fax: (71) 3363-5050 • E-mail: fale@editorajuspodivm.com.br

Copyright: Edições *Jus*PODIVM

Conselho Editorial: Dirley da Cunha Jr., Leonardo de Medeiros Garcia, Fredie Didier Jr., José Henrique Mouta, José Marcelo Vigliar, Marcos Ehrhardt Júnior, Nestor Távora, Robério Nunes Filho, Roberval Rocha Ferreira Filho, Rodolfo Pamplona Filho, Rodrigo Reis Mazzei e Rogério Sanches Cunha.

Capa e diagramação: Marcelo S. Brandão *(santibrando@gmail.com)*

P963	Procuradoria da Fazenda Nacional / Rodolfo Botelho Cursino – Salvador: Editora JusPodivm, 2017.
	240 p. (Aprovados)
	ISBN 978-85-442-1269-1
	1. Provas. 2. Procuradoria da Fazenda Nacional. 3. Didática - Métodos de ensino instrução e estudo. 4. Métodos de estudo (para casa, livro de anotações, relatórios escritos. 5. Motivação. 6. Orientação vocacional e profissional. I. Cursino, Rodolfo Botelho. II. Título.
	CDD 371.425

Todos os direitos desta edição reservados à Edições *Jus*PODIVM.

É terminantemente proibida a reprodução total ou parcial desta obra, por qualquer meio ou processo, sem a expressa autorização do autor e da Edições *Jus*PODIVM. A violação dos direitos autorais caracteriza crime descrito na legislação em vigor, sem prejuízo das sanções civis cabíveis.

APRESENTAÇÃO DA COLEÇÃO

O principal propósito da *Coleção Aprovados* é direcionar você, leitor, que se prepara para uma carreira pública, com informações e dicas de quem já foi aprovado.

Notamos que a trajetória do concurseiro até a aprovação normalmente envolve etapas que costumam se repetir em quase todas as preparações, quais sejam:

– a decisão pelo concurso;

– o começo dos estudos;

– a temida fase "fiquei por uma questão";

– a possível vontade de desistir;

– aprovação na primeira fase;

– estudos e aprovação na segunda fase;

– preparação e o dia da prova oral;

– aprovação, finalmente!;

– nomeação e posse.

E, fazendo uma associação entre essa constatação e a famosa frase de Robert Baden-Powell no sentido de que *"não existe ensino que se compare ao exemplo"*, compreendemos a importância de reunir em livros relatos e dicas de preparação de profissionais aprovados nas mais diversas carreiras públicas (em excelentes colocações) a respeito do que fizeram, como estudaram e como superaram cada fase da preparação até a nomeação e posse.

Dessa forma, cada título da *Coleção* tem como foco uma carreira, da qual foi selecionado um profissional/autor que trata das etapas mencionadas no formato "depoimento" ou "entrevista", a depender do autor.

Em outras palavras, em cada capítulo do livro você poderá se sentir mais próximo de seu sonho, ao ver que a batalha para a posse, apesar de ser uma árdua caminhada, é possível de ser vencida.

A expectativa, enfim, desta *Coleção* é expor os caminhos pelos quais passou alguém que um dia desejou o que você, leitor, deseja agora.

Aproveitem e boa leitura a todos!

Mila Gouveia
Coordenadora da coleção

Mestranda em Direitos Fundamentais. Pós-graduada em Direito Público.

Advogada. Professora e Coordenadora de cursos jurídicos.

Apresentadora do *Fique por dentro dos Informativos STF/STJ* da Editora Juspodivm.

Criadora do canal "Mila Gouveia" no YouTube.

SUMÁRIO

1. O COMEÇO DOS ESTUDOS 9

   1.1. O tempo e a forma de estudo 21

   1.2. O cronograma 42

   1.3. Análise da fase objetiva do concurso para Procuradoria Geral da Fazenda Nacional e as matérias a serem estudadas 48

2. A TEMIDA FASE DO "FIQUEI POR UMA QUESTÃO" E A POSSÍVEL VONTADE DE DESISTIR 77

3. APROVADO PARA A SEGUNDA FASE 89

4. APROVADO PARA A FASE ORAL 117

5. AS DEMAIS FASES DO CONCURSO DA PGFN: 167

6. APROVAÇÃO FINAL, NOMEAÇÃO E POSSE 173

7. A CARREIRA E SUAS PERSPECTIVAS 181

8. DEPOIMENTOS DE APROVADOS NO CONCURSO 189

   Dr. Gustavo Souza Alves 190

   Dr. Filipe Aguiar de Barros. 195

   Dr. André Fernando de Oliveira Queiroz 201

   Dra. Mariana Corrêa 203

   Dra. Gabriela Machado 205

   Dra. Paula Santos 208

Dr. Marcelo Kosminsky 210

Dr. Alexandre de Andrade Freire 219

Dr. Paulo Henrique Procópio Florêncio 227

Dr. Iuri Daniel de Andrade Silva 230

9. MENSAGEM FINAL 235

1

O COMEÇO DOS ESTUDOS

Durante várias fases da vida, somos, constantemente, colocados frente a frente com diversos desafios. Basta lembrarmos do medo do primeiro dia de aula, das provas no colégio, dos testes surpresas, das apresentações de trabalhos, das feiras de ciências, da escolha da profissão que se quer seguir, da prova do vestibular, das provas e dos trabalhos da universidade, do temido trabalho de conclusão de curso etc., para perceber que, o tempo todo, somos avaliados, testados e exigidos.

Ora, quem nunca se deparou com uma matéria que acreditou que seria quase impossível de aprender ou de resolver alguma questão, mas, ao fim, com muito esforço e dedicação, acabou logrando a tão aguardada aprovação? Quem nunca desejou, em determinado momento, ser o melhor de sua turma, receber elogios de um professor ou obter a nota máxima em uma prova? Quem nunca ouviu professores ou familiares compararem o seu desempenho em sala de aula ou suas notas com os de outros colegas de turma?

Desde pequenos, somos criados em meio a um verdadeiro ambiente de competição, que nos submete a diversos testes, proporcionando-nos um gradativo amadurecimento e aprimoramento do nosso conhecimento e do nosso emocional. Mais que um local de simples aprendizado, a escola e a universidade nos instigam a superar nossos medos e dificuldades, e a buscar o perfeccionismo. Aprendemos, também, a ouvir avaliações e julgamentos sobre o nosso desempenho, a termos disciplina e a buscarmos sempre atingir uma meta ou um objetivo.

Neste contexto, deve-se compreender que o ambiente dos concursos públicos não é algo desconhecido, estranho, assustador ou inatingível como muitos afirmam. Trata-se, apenas, de mais uma fase da vida com todas as características que já vivenciamos ao longo de toda a nossa educação. Assim como no colégio e na universidade, o estudo para concursos públicos exige dedicação, aprendizado e superação das dificuldades. Sempre existirão matérias com que se possui pouca afinidade e se acredita ser impossível a sua compreensão, mas, com bastante esforço, é possível absorver o conhecimento.

Vivencia-se, também, um verdadeiro ambiente de competição, em que o candidato, para conseguir a aprovação, tem que buscar, sempre, o perfeccionismo e uma posição de destaque dentre os seus concorrentes, pois, só assim, conseguirá uma boa classificação no certame. Por fim, também é um momento em que é costumeiro ouvir comparações e julgamentos de terceiros sobre o seu desempenho, muitas vezes acompanhados de críticas ou descrédito pelo seu esforço. A expectativa e a pressão por uma aprovação são grandes, devendo-se ter a sabedoria de lidar com tal situação.

Assim, o primeiro passo para quem almeja uma aprovação é desmitificar o concurso público como uma aprovação inatingível, devendo-se compreendê-lo, de forma simples, como mais uma das etapas da vida em que, através do estudo e da educação, buscamos superar obstáculos para atingir uma meta ou um propósito.

É certo que a aprovação em um concurso público não é algo linear ou similar para todos os candidatos. Diversos fatores vão influenciar no tempo e no grau de dificuldade de uma aprovação, como o volume de conhecimento acumulado, experiência em provas, o tempo de estudo, a disciplina e dedicação, o controle emocional etc. Assim, como em todas as áreas da vida, há os que, em pouco tempo, se destacam e atingem, rapidamente, seus objetivos, bem como os que precisam de grande esforço e tempo dedicado para atingir a sua conquista. No entanto, apesar do tempo e do modo de preparação, todos acabam alcançando a meta traçada e logrando êxito em uma aprovação, cada um em seu momento.

Ao longo de minha preparação, presenciei muitos colegas que ficaram pelo caminho, que imaginaram ser impossível uma aprovação e afirmavam que o ambiente do concurso público é feito para poucos, e não são todas as pessoas que possuem a capacidade para uma aprovação. Ouvi, também, relatos da existência de familiares e amigos que criticavam o estudante, cobrando uma aprovação a curto prazo e, até, sugerindo que abandonasse os estudos e optasse por algum ofício, pois já havia ficado bastante tempo "sem fazer nada de útil" (leia-se estudando). Por outro lado, deparei-me com colegas que foram criticados e cobrados pela demora por uma aprovação, que pensaram em desistir e exercer uma outra atividade, mas que, com coragem e persistência, continuaram em busca do seu objetivo e alcançaram a tão sonhada aprovação.

Assim, caro candidato, antes de adentrar nos detalhes da preparação para os concursos públicos, tenha a consciência de que diversas dificuldades, como as acima relatadas, ocorrerão, exigindo-lhe uma verdadeira tranquilidade emocional, luta e persistência para continuar em busca de seu objetivo. Nunca se esqueça de que, ao longo de sua vida, você sempre foi testado em situações semelhantes, e não existe nada que seja inatingível, ainda que, muitas vezes, demande tempo e dedicação para alcançar o êxito.

Restringindo-se aos cursos jurídicos, sabemos, em regra, que os egressos das universidades optam, em regra, pela advocacia, pelo magistério ou por seguir alguma carreira que exija aprovação em um concurso público. Seguramente, a dúvida sobre qual das opções seguir é a primeira dificuldade vivenciada por aqueles que concluem o curso de Direito. Para saná-la, deve haver uma verdadeira reflexão sobre a afinidade que possui com as funções que serão exercidas, a satisfação de exercê-las etc. Se o seu medo é apenas a dificuldade para se chegar a uma aprovação, não deixe de optar pelo concurso público, pois mais vale investir, talvez, alguns anos de intensa dedicação e aprendizado, logrando êxito na aprovação, do que passar anos insatisfeito com outra escolha que tenha feito apenas em razão deste medo.

Ademais, por experiência própria, saiba que toda a dedicação e tempo despendido, ao final, quando nomeado, vale a pena e te faz valorizar, a cada dia, o cargo que ocupas, sem nunca deixar de esquecer todo o esforço que fora feito para ali estar. No entanto, optando pelo estudo para concursos públicos, o faça ciente de que a aprovação demanda tempo, dedicação, planejamento, disciplina e abdicação, às vezes, de alguns momentos de lazer, de forma a não se deixar desistir e abandonar a sua trajetória na primeira dificuldade que aparecer. O estudo para concursos públicos é uma luta diária.

Após esse período de escolha, certamente, a maior dificuldade encontrada por aqueles que sonham com uma carreira pública é o efetivo início dos estudos. Nesta fase, todos passam por um grande período de adaptação, no qual buscam métodos de estudo indicados por candidatos aprovados, professores ou especialistas no assunto; colecionam listas de livros a serem lidos e de cursos a serem realizados; analisam as diversas opções de concursos a serem prestados; as formas como as questões são cobradas; as primeiras matérias que se deve estudar, se devem se submeter a outros concursos etc. Quando se trabalha com uma grande quantidade de informações e opções, realmente se torna mais difícil a elaboração de um planejamento, a definição de uma meta e o efetivo início dos estudos.

Acredito que, antes de tudo, o primeiro passo é definir em qual área ou carreira você pretende atuar, sendo fundamental, para tanto, conversar com colegas que exercem carreiras públicas, questionar os professores sobre o papel de cada uma das carreiras, ler informações referentes às funções exercidas em cada uma delas, realizar estágios jurídicos nas mais diversas áreas, buscar informações sobre as fases e matérias exigidas nos respectivos concursos públicos etc., para que possa identificar, dentre tantas opções, para quais concursos você pretende estudar, possibilitando filtrar as matérias de maior incidência e a forma de cobrança da banca examinadora – o que, seguramente, influenciará a sua forma de estudo, o planejamento e toda a sua preparação.

Durante o curso de Direito, tive a oportunidade de estagiar em duas Procuradorias, a Procuradoria Jurídica da Universidade de Pernambuco e a Procuradoria Regional da União da 5ª Região (AGU). Nelas, pude ver de perto as atividades rotineiras da carreira, a criação de argumentações para defesa dos interesses da Fazenda Pública, ainda, quando, muitas vezes, não existissem argumentos sólidos e o ato parecesse indefensável. Convivi, diariamente, com matérias do Direito Público e aprendi que a atividade consiste, em seu fim, na defesa do interesse público, mesmo que com a finalidade, em alguns casos, de minorar eventual condenação por erro, de fato, praticado pelo Ente. A atividade, em seu fim, reflete na defesa dos interesses de toda a sociedade. Neste contexto, no decorrer do curso de Direito, já possuía afinidade com as matérias de Direito Público e estava decidido sobre a carreira que gostaria de seguir ao concluir a Universidade.

O grande trunfo daquele que estuda, seja para concursos públicos, qualquer que sejam os cargos almejados, ou para qualquer área da vida, é o tripé da organização, do planejamento e da disciplina. Durante o colégio, sempre fui um bom aluno e procurei aprender todo o conteúdo ensinado, mas nunca estudei com uma frequência diária disciplinada, não tendo seguido qualquer horário de estudo.

Certamente, a primeira situação em que me deparei com a necessidade de realizar um estudo planejado e organizado foi quando da preparação para o vestibular para o curso de Direito da Universidade Federal de Pernambuco – UFPE. Quando do último ano do colégio, havia sido aprovado, com ótima nota, para o curso de Administração de Empresas, da Universidade Estadual de Pernambuco – UPE, bem como para o curso de Direito da Universidade Católica de Pernambuco, não logrando êxito, no entanto, em meu objetivo principal, o curso de Direito da UFPE.

Certamente que os cursos em que havia sido aprovado gozam de imenso prestígio, respeito e qualidade na área acadêmica e, caso por eles tivesse optado, também gozaria de uma excelente formação profissional. No entanto, à época, após um período de reflexão, escolhi tentar, mais uma vez, o vestibular para a UFPE, instituição em que, realmente, almejava ingressar. Iniciei, então, uma verdadeira batalha diária com os estudos e a administração do tempo livre. Conciliei o curso de Administração de Empresas, no período noturno, com o estudo, em casa, para o vestibular, agregado à frequência em sete cursos diferentes de matérias isoladas. O tempo era, verdadeiramente, escasso e limitado e, durante esse ano, não soube o significado das palavras lazer ou diversão.

Com um bom planejamento, organizei um horário de estudo diário com todas as matérias cobradas no vestibular. Nos intervalos dos cursos das matérias isoladas e nos finais de semana, estudava para a Universidade. Mesmo que soasse impossível ou até improvável conciliar atividades tão distintas e que exigem o estudo de matérias totalmente diversas, consegui a aprovação, por média, em todas as disciplinas do Curso de Administração de Empresas, com notas maiores que muitos colegas que apenas se dedicavam a este curso, e, ao final do ano, obtive uma excelente nota no vestibular, atingindo, assim, o objetivo de ingressar na Universidade Federal de Pernambuco.

Aqui, pude vivenciar, de perto, o quão correta é a antiga afirmação de Wiliam Shakespeare de que "quanto menos tempo tenho, mais coisas consigo fazer". Com um verdadeiro planejamento, organização e disciplina, é possível valorizar e otimizar o seu tempo, utilizando-o de forma efetiva para alguma finalidade.

Além de um período de grande aprendizado de "como se deve estudar" e de uma verdadeira lição de que, com planejamento, organização e disciplina, nada é impossível, certamente a experiência acima relada foi um grande momento de amadurecimento pessoal e mental. Durante o tempo em que me dediquei, basicamente, de forma exclusiva, a estudar, convivi com o fato de observar os amigos em suas comemorações de aprovação no vestibular, nas mais diversas festas de início da universidade etc., e, às vezes, sentia desestímulo e a tristeza de ter que estudar, novamente, todo o assunto e abdicar de todo esse momento novo de um recém-ingresso na Universidade.

No entanto, havia escolhido esta opção e a única forma de vencer esse período era estudando para atingir o meu objetivo. Seguramente, toda a experiência vivida nesta época serviu de base para que construísse a minha caminhada no estudo para os concursos públicos, bem como me fez valorizar todo o período em que estive na Universidade, dedicando-me aos assuntos ali estudados, por nunca ter esquecido de tudo o que tinha passado e abdicado para ali estar.

Após o ingresso na Universidade Federal de Pernambuco, a definição da área que gostaria de trabalhar (Procuradorias) e da carreira que gostaria, preferencialmente, de seguir (AGU), passei a refletir e elencar tudo aquilo que precisaria ser feito para percorrer o caminho até a tão sonhada aprovação no concurso público. Como ainda estava na Universidade, o segundo passo foi decidir se deveria começar os estudos para concursos públicos durante o curso ou esperar o final da graduação. Trata-se de uma decisão muito particular e que depende de todo o contexto da Universidade que se está cursando, do nível de dedicação dos alunos às disciplinas, do nível dos professores, dos livros que se estuda etc. Conheço alguns colegas que, neste mesmo contexto, passaram a estudar para concursos públicos de forma concomitante ao curso de Direito, conciliando as disciplinas e provas exigidas ao longo do curso com as matérias a serem estudadas, certamente de forma mais aprofundada, para os concursos. Grande parte foi aprovada. Muitos, inclusive, antes mesmo de concluir o curso.

Eu optei por seguir um caminho inverso. Durante toda a minha graduação, por entender que talvez não possuísse, ainda, a base necessária ao estudo verticalizado e aprofundado das matérias, apenas me dediquei ao estudo das disciplinas do curso de Direito – porém, realmente estudando o assunto por livros doutrinários e buscando o efetivo aprendizado. Apesar de, nesta época, ter me submetido a alguns concursos, dentre eles os concursos para estágio jurídico em alguns órgãos públicos, que também resultaram em aprendizado e experiência, em nenhum momento coloquei o curso universitário em segundo plano.

Como dito, é uma decisão muito pessoal e particular. Caso você se encontre na Universidade, seja qual for o caminho que opte por seguir, certamente uma verdadeira dedicação, neste período, aos estudos por bons livros, seja para a Universidade ou para os concursos públicos, lhe dará uma base que facilitará o seu caminho para uma futura aprovação nos certames.

Como escolhi me dedicar ao estudo para concursos públicos, o passo seguinte, do planejamento, foi elencar tudo que eu precisaria fazer para me dedicar exclusivamente ao estudo para o concurso da AGU. Tal questão englobava a conclusão do curso universitário, a aprovação no Exame da Ordem dos Advogados do Brasil (OAB), já que se trata de cargo privativo de bacharel em direito, e possuir dois anos de prática forense.

Quanto a este último requisito, cumpre esclarecer que, diferentemente dos concursos para Magistratura e Ministério Público, nos quais se exige experiência jurídica após a colação de grau, grande parte dos concursos para Procuradorias, dentre eles os das carreiras da AGU, admitem como período de prática forense a comprovação de igual período de estágio regular e supervisionado[1]. Assim, minhas experiências de estágio, por superarem o período de dois anos, já foram suficientes a tal comprovação, ultrapassando-se, assim, um dos obstáculos à perseguição do objetivo da carreira pública.

Quanto aos primeiros itens, ao longo dos semestres, cursei algumas disciplinas extras, o que, somado a dispensa de outras que já havia estudado quando do curso de Administração de Empresas, possibilitou que eu concluísse o curso de Direito em quatro anos e meio, dispensando, assim, um semestre de Universidade. Tão logo conclui a graduação, passei a estudar

---

1. Conforme item 14.3.1 – a, do edital para o Concurso de Procurador da Fazenda Nacional de 2015, "A comprovação de 2 (dois) anos de prática forense deverá ser efetuada da seguinte forma: a) comprovação de cumprimento de estágio: apresentação de certidão ou declaração que contenha a indicação das leis e/ou demais atos normativos regedores do estágio realizado pelo candidato". Da mesma forma, o edital para o Concurso de Advogado da União de 2015, em seu item 3.9.2, dispõe que "admitir-se-á, também, quanto à exigência legal relativa a 2 (dois) anos de prática forense, apenas a comprovação de igual período de estágio regular e supervisionado, desde que observada a legislação e os demais atos normativos regedores da hipótese".

para o Exame da Ordem (OAB), que correspondeu, assim, à minha primeira preparação planejada e organizada para um concurso jurídico.

É certo que a prova do exame da ordem exige um estudo mais horizontal e menos verticalizado, ou seja, as provas cobram um conhecimento geral sobre os principais pontos de cada um dos assuntos, sem exigir um verdadeiro aprofundamento no estudo de cada ponto. Apesar disto, sabia que o estudo para a OAB já seria um ótimo passo para revisar, ainda que de forma rápida e sintética, todo o assunto estudado na Universidade, sendo o primeiro teste e um primeiro degrau na caminhada para o estudo para concursos públicos.

Neste contexto, planejei-me de forma a estudar todas as matérias cobradas na prova. Diferentemente de alguns amigos, que optaram por se matricular em um curso para primeira fase, optei pela leitura de livros, tendo adquirido toda a coleção de livros de uma editora voltada para OAB. Considerando o pouco tempo de estudo que teria até a prova, optei por conciliar, de forma concomitante, a leitura de duas matérias, substituindo-as por outras, tão logo as concluísse. Lia os livros, realizando grifos nas partes mais importantes e, quando da revisão, elaborei um pequeno resumo, em tópicos ou esquemas, dos assuntos que exigiam memorização, como uma classificação, os elementos de um instituto etc., além da realização de questões.

Ademais, para a segunda fase, optei pela prova de Direito Administrativo, pois além de ter familiaridade com o assunto, sabia que seria uma das matérias essenciais para o estudo voltado aos concursos públicos. Aqui, além de me matricular em um curso jurídico *on-line* voltado para esta segunda fase, optei por adquirir um livro de direito administrativo voltado para concursos públicos. Essa experiência proporcionou o meu primeiro contato com um curso jurídico para concurso, o que foi bastante exitoso, possibilitando ter uma visão mais focada e filtrada do que poderia ser exigido na prova, bem como a conclusão da leitura do meu primeiro livro voltado para concursos públicos – de forma que, realmente, adquiri um bom conhecimento no assunto, o que acabou por otimizar o meu estudo na matéria de Direito Administrativo.

Devidamente aprovado e com a carteira da OAB em mãos, havia atingido a primeira meta planejada, o que possibilitou voltar a minha atenção, de forma exclusiva, ao estudo para concursos públicos.

Como dito acima, neste início de preparação, fundamentais são o planejamento, a organização e a disciplina. E, dentro do planejamento, encontra-se a necessidade de ter o foco em um objetivo específico. O meu era a aprovação no concurso para Advogado da União, escolha que fiz em decorrência da exitosa experiência de estágio jurídico. Assim, seguindo orientações de colegas que trabalhavam nas carreiras da AGU, escolhi apenas um edital como guia dos meus estudos.

O foco no estudo das matérias que constam do programa do edital da carreira que o candidato realmente almeja é de fundamental importância. Torna-se mais difícil a preparação para o concurso que se almeja quando o candidato passa a guiar seus estudos pelo próximo concurso que irá prestar, tendo, assim, que se adaptar, constantemente, a cada edital que for publicado.

Deve-se ter em mente que, em regra, cada carreira possui suas especificidades, o que é refletido no programa das matérias a serem cobradas no respectivo edital do concurso, como eventuais legislações específicas voltadas à carreira. Destacam-se, ainda as características e estilo de questões de cada banca examinadora que ocasionam uma diferente forma de preparação. Assim, reitero que o foco em um edital específico facilita muito a organização do estudo, o conhecimento e o planejamento das etapas necessárias ao caminho da aprovação.

É claro que, no mundo concorrido que é o dos concursos públicos, o candidato não pode se dar ao luxo de deixar de prestar outros concursos e apenas aguardar aquele que almeja. Em primeiro lugar, pois não há garantias de que será aprovado no concurso que objetiva, de forma que teria deixado passar várias chances de aprovações para outras carreiras, com as quais poderia, também, se identificar e ter o prazer de exercê-la. Em segundo lugar, pela necessidade de ganhar experiência na realização de provas.

Cada concurso prestado, ainda que não venha acompanhado da aprovação, é fundamental para o crescimento pessoal do candidato. Através deles, adquire-se o conhecimento acumulado das matérias cobradas, identificando, muitas vezes, os principais assuntos exigidos nos concursos, a necessidade de domínio da legislação ou da jurisprudência por determinada banca etc. Ademais, tais experiências proporcionam o exercício do controle do tempo, do nervosismo, da agilidade na passagem de gabarito à folha de respostas, a prática na interposição de recursos etc.

Destaca-se, ainda, que a própria reprovação nos concursos é de grande importância. É claro que ninguém opta por fazer uma prova com o objetivo de ser reprovado, tampouco se sinta feliz com a reprovação. No entanto, tais situações são uma grande ferramenta de planejamento e estudo, por possibilitar a identificação dos erros cometidos pelo candidato, a percepção das matérias que precisam ser estudadas, dos assuntos que precisam ser aprofundados, dos detalhes que precisam ser aperfeiçoados etc. É com o conjunto dos concursos prestados e das eventuais reprovações que se adquire a maturidade e a experiência necessária a uma futura aprovação.

Assim, a despeito de ter escolhido focar em um edital específico, optei por prestar todos os concursos que abriram à época, sem nunca deixar de lado o meu foco e planejamento, inicialmente, para o concurso de Advogado da União. Antes de ser nomeado Procurador da Fazenda Nacional, exerci o cargo de Técnico do Seguro Social (INSS) e fui aprovado em diversos outros concursos, a exemplo de Analista e Técnico do Tribunal Regional do Trabalho da 6ª Região, Analista do Tribunal de Justiça de Pernambuco e algumas Procuradorias.

Meu planejamento se consistiu, basicamente, em priorizar o estudo das principais matérias cobradas nestes concursos e que também eram objeto de cobrança no concurso da AGU. Assim, quando da abertura da inscrição para o Tribunal Regional do Trabalho, passei a dar preferência, em meus estudos, às matérias de Direito do Trabalho e Processo do Trabalho (é claro, que, nesta época, já havia aprofundado o estudo das matérias mais recorrentes nos concursos públicos, tais como Direito Administrativo, Constitucional, Civil, e Processo Civil). Estudei tais matérias, no entanto, nos termos que se encontravam previstas no programa do edital da AGU. Depois, faltando cerca de quinze dias para o concurso do Tribunal Regional do Trabalho, observei, neste edital, os pontos que não constavam no edital da AGU, realizando, assim, uma rápida leitura complementar.

Da mesma forma, no concurso do INSS, passei a priorizar o estudo do programa de Direito Previdenciário do edital da AGU, seguido, ao fim, da rápida leitura complementar. Em conclusão, tudo resultou em conhecimento acumulado e uma preparação psicológica voltada ao concurso que era minha finalidade, sem prejuízo aos meus estudos para o certame mais competitivo e com chances de aprovação nos outros concursos, como de fato ocorreu.

1.1. O TEMPO E A FORMA DE ESTUDO

Um questionamento existente entre todos aqueles que iniciam a sua trajetória no estudo para concursos públicos é saber qual o tempo ideal de estudo por dia e a forma correta de se estudar. Opções para isso existem várias. Acredito que não se pode criar uma regra geral, devendo-se colher as informações e adaptá-las às particularidades de cada um, em especial, levando em consideração o nível de conhecimento acerca das matérias a serem estudadas, o tempo disponível para o estudo e a proximidade do edital. Ademais, a definição do tempo de estudo e a forma de estudar demandam uma verdadeira organização e disciplina.

Em minha preparação, tive a condição de me dedicar, exclusivamente, aos estudos, sem a necessidade de trabalhar ou realizar outra atividade. Assim, em média, estudava de oito a dez horas por dia. Embora existam métodos de estudo que indiquem cronometrar o tempo estudado por matéria, nunca optei por fazê-lo, apesar de sempre conseguir, costumeiramente, cumprir corretamente os horários de início e fim de estudo, estudando com verdadeira disciplina.

O que importa é que, todos os dias, consegui seguir o objetivo que tracei, criando uma verdadeira rotina, tornando, assim, o estudo um verdadeiro hábito diário. No início, de fato, existirão mil e outros afazeres mais empolgantes e prazerosos do que o estudo. No entanto, aos poucos, com persistência e determinação, a sua rotina vai sendo construída, até chegar ao ponto de, no dia em que, por algum motivo, deixar de estudar, você sentirá falta da leitura.

Deve-se ter em mente que as regras não são absolutas. Muitas vezes, a depender do seu cansaço, do seu humor, da sua saúde, do interesse pela matéria que está lendo etc., passa-se horas sentado em uma mesa, de frente para o livro, e pouca ou quase ínfima é a qualidade do estudo. Nestes casos, sempre preferi, e indico, trocar de matéria, passando a ler outro livro com o qual tenha mais afinidade, ainda que isso implique não cumprir a programação, inicialmente, fixada para aquele período do dia.

Outras vezes, em pouco tempo de estudo, consegue-se uma leitura rápida da matéria e um aprendizado de qualida-

O começo dos estudos   23

de, otimizando-se o estudo. Quando se percebe que o estudo está tendo um bom rendimento, não vejo motivos, também, para, necessariamente, interromper a leitura daquela matéria e iniciar alguma outra, no sentido de cumprir a programação predeterminada para aquele horário.

Na minha percepção, o cronograma de estudo serve de norte, é uma forma de te guiar a um estudo organizado, que abranja todas as matérias, em suas proporções de importância e cobrança, bem como de criar um dever de estudar todos os dias. No entanto, não vejo prejuízos em flexibilizar as matérias e os horários, desde que, realmente, se estude naquele período e, posteriormente, se o caso, haja compensação, em outro horário, da matéria que foi estudada. De forma mais simples, se o estudo de Direito Constitucional está rendendo bem e, pelo cronograma, deveria pará-lo e iniciar Direito Administrativo, não há problemas em continuar o estudo e, no momento que teria que estudar, novamente, Direito Constitucional, trocá-lo por Direito Administrativo, e assim, sucessivamente, em relação às demais matérias.

Saiba que, também, é extremamente normal, em especial no início dos estudos ou após a realização de algumas provas, haver momentos em que, diante do extremo cansaço, não se consegue estudar qualquer que seja a matéria. Nestes casos, após trocar a matéria e tentar insistir por um tempo, sempre optei por realizar alguma outra atividade não relacionada ao estudo, nem que seja dormir ou descansar. Entendo preferível utilizar este espaço de tempo para algo útil e que proporcione um descanso físico e mental ao candidato, possibilitando que recupere as energias e ânimo para o estudo nos dias posteriores, do que insistir em um estudo sem nenhum rendimento e propósito. Frise-se, no entanto, que estou tratando de uma situação excepcional, o que não significa, de forma alguma, que sempre que sentir desestímulo pelo estudo ou cansaço, deve-se optar por realizar alguma outra atividade.

Ademais, o estudo para concurso mexe muito com o lado emocional. Cabe ao candidato a sabedoria de filtrar as situações, não se angustiando caso, em um determinado dia (ou em vários dias), o estudo não render. Isto é extremamente normal, acontece com todos que estudam para concurso, em especial, nos primeiros meses de estudo. Seja criativo e flexível, vá a outro local de estudo, troque a matéria ou assunto, mude o horário de estudo etc. O que importa é que tudo aquilo que você conseguir estudar estará sendo riscado do programa do Edital, diminuindo os assuntos faltantes e, certamente, gerando o conhecimento acumulado necessário a uma preparação adequada e futura aprovação.

Ainda, é certo que, quando se está iniciando os estudos, dificilmente se consegue ficar durante dez horas, todos os dias, ainda que se tenha disponibilidade, concentrado e com a leitura fluindo. Tudo decorre de uma questão de adaptação progressiva. É a mesma coisa que se propor a correr 1 km todo dia. Dificilmente, no início, você conseguirá completar o percurso sem parar para descansar, tomar fôlego ou sentir o corpo fadigado. Com o estudo, seu corpo e sua mente vão, gradativamente, se adaptando a rotina que se pretende criar.

Um bom rendimento de estudo não passa apenas pelo ato de estudar, exigindo-se, além disso, estar sempre tranquilo física e mentalmente. Neste contexto, muito se questiona quanto ao estudo ou não nos finais de semanas e nas horas lazer. Na minha experiência em concursos públicos, conheci todos os tipos de candidatos. Há quem estude durante todo o fim de semana, por acreditar que o lazer o faz perder tempo, deixando de lado, assim, por completo, a vida social, o lazer e o descanso. Por outro lado, há aqueles que nunca abrem mão de suas saídas e de seu descanso, agindo, nos finais de semana, da mesma forma como agiriam se não estivessem estudando para concursos.

Acredito que o ideal para quem estuda para concursos públicos seja o meio termo. Por exemplo, no início dos meus estudos, aos sábados e domingos, com frequência, eu estudava pela manhã, pois, normalmente, não possuía nenhuma programação neste período, utilizando o período da tarde e da noite para lazer e descanso, contando, sempre, com a compreensão da minha namorada, hoje esposa, e dos meus familiares.

Aos poucos, cria-se o hábito do estudo, mesmo nos finais de semana. Nas fases seguintes do concurso, por exemplo, quando da fase subjetiva e da fase oral, a dedicação e pressão são tantas, somadas ao pouco tempo para prova, que, muitas vezes, abdica-se, realmente, da maior parte do momento de lazer para estudar. No entanto, ainda que não possua muito tempo disponível, é ideal se utilizar, ao menos, de um período longe dos estudos para um efetivo descanso.

É certo que, se o candidato tem o costume de sair todo o final de semana e necessita de um lazer, como forma de liberar a tensão e o estresse, não deve deixar de fazê-lo por completo. No entanto, pode-se reduzir a quantidade de saídas, optar por programações que o deixem menos cansado ao longo da semana, utilizar as horas vagas, nos próprios finais de semana, para resolver questões objetivas etc. Se por um lado, como dito, não se deve abolir por completo o lazer e o descanso – que, também, são fundamentais para um bom desempenho nos momentos de estudo –, por outro não se deve exagerar em todos os finais de semana, lembrando-se, sempre, que o estudo para concursos exige comprometimento e dedicação, principalmente quando se está diante de grandes carreiras jurídicas, como a Procuradoria Geral da Fazenda Nacional, cujo concurso é de difícil nível.

Ainda, no que tange ao lazer, embora não tenha feito a opção por um esporte ou uma atividade diferente ao longo da semana, dada o contexto da intensidade da minha preparação, uma vez que, em pouco tempo de estudo, o edital do concurso para Advogado da União fora publicado, vários especialistas indicam que a realização de uma atividade física ajuda na concentração, na disposição e na redução do estresse, de forma que não enxergo qualquer problema em que o candidato encaixe alguma atividade em seu horário semanal. Ademais, hoje, no exercício do meu cargo, vejo o quão importante é a inclusão de uma atividade física na rotina semanal, de forma que, certamente, caso voltasse a estudar para concursos públicos, as incluiria.

Outra preocupação na programação dos estudos é o uso das redes sociais. Eu, particularmente, optei por utilizá-las em horários bastante regrados e definidos, fazendo uso apenas no início e ao final do dia, com o intuito de afastar eventuais distrações durante todo o período de estudo. No entanto, caso as utilize com frequência e possua dificuldade de reduzir o uso, o ideal é tentar agregá-las ao estudo, usando-as para se manter informado de atualizações jurídicas, novos entendimentos jurisprudenciais, grupos de estudo, discussões jurídicas, informações sobre concursos etc.

Friso, no entanto, que nada é absoluto. Mesmo aquele candidato que foi aprovado em vários concursos, certamente, algum dia, esteve ansioso, inquieto, distraiu-se com frequência nas redes sociais, não obtendo rendimento nos dias de estudo. Isto é normal, embora não deva ser comum. O que se deve ter em mente é que isto seja uma exceção, criando-se, na rotina, uma verdadeira regra que evite tais tipos de distrações durante o horário programado para o estudo.

Embora eu tenha tido a possibilidade de criar um horário de estudo de dez horas diárias, ressalto, desde já, para aqueles que não dispõem de tal tempo, por trabalharem ou realizarem outras atividades, que este tempo não é condição indispensável para que se atinja a aprovação. É claro, quanto mais tempo se tem disponível, ao menos em tese, mais páginas de livro se consegue ler, mais questões se consegue resolver etc. Em síntese, em menos tempo se estuda as matérias do edital. Trata-se do que seria o mundo ideal do estudo.

No entanto, deve-se adaptar o estudo de acordo com o tempo que se tem disponível. É provável que quem tenha menos tempo disponível, demore mais para progredir na leitura das matérias. No entanto, muitas vezes, quem menos tempo possui, mais consegue utilizá-lo e otimizá-lo, tornando o estudo mais efetivo, por evitar distrações, realizar uma leitura mais atenta etc., possuindo, assim, às vezes, rendimento maior do que aquele que se dedica exclusivamente a estudar.

Destaco que diversos colegas aprovados no concurso de Procurador da Fazenda Nacional eram advogados, analistas, oficiais de justiça etc.; ou seja, já possuíam uma atividade que lhe tomava tempo na maior parte do dia e, mesmo assim, conseguiram, no pouco tempo livre que possuíam, dedicar-se ao estudo para este dificílimo concurso. Às vezes, quanto maior é a dificuldade, maior é a motivação, o que reflete na dedicação empreendida no estudo. Então, caso esta seja a sua situação, não desista, utilize o seu pouco tempo livre para um estudo de qualidade e, certamente, estará realizando uma boa preparação.

No mesmo sentido, está a forma de estudo. Todas as informações passadas por professores, especialistas, candidatos aprovados, amigos que estudam para concursos etc., são importantes e a elas se deve dispender atenção, mas com a consciência de que não correspondem a uma regra absoluta. Cada um possui o seu estilo de estudo, a forma em que acredita que aprende mais etc. Por exemplo, ao longo do curso universitário, sempre estudei através da elaboração de resumos. Lia os livros, grifava-os e os resumia. Após, com frequência e quando próximo dos períodos de provas, realizava a minha revisão apenas por meio dos resumos. Quando iniciei os estudos para concursos públicos, tentei iniciar este método e não me adaptei.

Há grande quantidade de informações importantes nos livros, o tempo gasto para resumir é enorme etc., de forma que optei, apenas, por grifar o livro e, posteriormente, para revisar, reler as partes grifadas, além de anotar, em um caderno ou documento de Word, apenas os assuntos que reputava mais importantes ou que as questões poderiam exigir um conhecimento "memorizado", como, por exemplo, quais são os elementos do ato administrativo, as sanções do ato de improbidade administrativa etc.

De fato, para mim, os resumos/esquemas de assuntos pontuais sempre foram de grande ajuda para realizar uma rápida revisão e possibilitar uma memorização mais fácil, fazendo com que, durante as provas, eu relembrasse, com facilidade, aqueles tópicos quando da resolução da questão. Com o intuito de ser didático, reproduzo abaixo, nos exemplos dados, minha forma utilizada para revisão e memorização. O candidato pode optar por criar a frase ou método que mais se identifique ou buscar nos livros e sites especializados outras dicas que auxiliem nesta tarefa. Durante os estudos, criei algumas frases mnemônicas que me ajudaram com a matéria a ser decorada. Abaixo, reproduzo algumas que não são de minha autoria, mas que encontrei, à época, em diversos sites na internet:

ELEMENTOS DO ATO ADMINISTRATIVO (COM-FI-FOR-M-OB)		
COM	Competência	Sempre Vinculado
FI	Finalidade	Sempre Vinculado
FOR	Forma	Sempre Vinculado
M	Motivo	Pode ser Discricionário
OB	Objeto	Pode ser Discricionário
Conclusão: Além da frase mnemônica auxiliar na lembrança de todos os elementos do ato, foi elaborada de forma a colocar os dois elementos que podem ser discricionários ao final, o que facilita a resposta de diversas questões de prova que, reiteradamente, cobram tal conhecimento.		

IMPROBIDADE ADMINISTRATIVA E SANÇÕES					
FRASE MNEMÔNICA: "HENRIQUE PREJUDICOU O PRÍNCIPE" Henrique = Enriquecimento Ilícito (Artigo 9º, Lei 8429/92) Prejudicou = Prejuízo ao Erário (Artigo 10º, Lei 8429/92) Príncipe = Violação aos Princípios (Artigo 11º, Lei 8429/92)					
Ato	Natureza	Suspensão Direitos Políticos	Multa	Proibição de Contratar com o Poder Público	Intenção
Enriquecimento	Grave	08 a 10 anos	Até 3x o Enriquecimento	10 anos	Dolo
Prejuízo	Média	05 a 08 anos	Até 2x o Prejuízo	5 anos	Culpa ou Dolo
Princípio	Leve	03 a 05 anos	Até 100x a Remuneração	3 anos	Dolo

No entanto, reitero que cada um tem a sua forma de estudar. Descobrir qual a melhor forma para realizar o seu estudo demanda tempo. Só com a rotina, com o dia a dia, começa-se a perceber se o estudo está fluindo, se o conhecimento está sendo absorvido etc.

Reconhecida a sua melhor forma de estudar, o que, em regra, só será percebido com o tempo de estudo, deve-se passar a elencar o que estudar. Em minha preparação, sempre segui o conselho dos colegas aprovados e alguns professores, que afirmavam que a preparação ideal deveria envolver a leitura da doutrina, da jurisprudência e da legislação, bem como a resolução de questões. Logo no início dos estudos, optei pela leitura de livros verdadeiramente doutrinários, por não acreditar que um livro voltado para concurso público tivesse o aprofundamento e a densidade necessária para a aprovação em concurso público de alto nível.

No entanto, nas primeiras leituras, percebi que o livro, classicamente, doutrinário traz, em seu bojo, uma série de discussões e divagações que, apesar de importantes, não são tratadas de forma clara e objetiva, acabando por ocasionar uma leitura cansativa e demorada, prejudicando o rendimento do estudo. Já os livros voltados especificamente para concursos possuem duas vantagens: condensar as principais informações sobre o assunto, inclusive as diversas opiniões de outros autores da doutrina, bem como proporcionar uma leitura rápida e direta, otimizando o tempo. Passei, então, a estudar pelos principais livros para concursos jurídicos que existiam à época.

Programei-me, ainda, para a leitura da legislação, a ser feita após a leitura da doutrina sobre o assunto previamente estudado no livro. Acredito que a leitura da legislação de forma contemporânea à leitura da matéria, ou seja, concomitantemente ou após a conclusão do assunto no livro, acaba por auxiliar na compreensão dos normativos legais. Ademais, da mesma forma, após a conclusão de determinado capítulo do livro, com a leitura da legislação correlata, optei pela resolução de questões. Neste ponto, sempre que errava alguma questão, não deixava de descobrir o motivo do erro, bem como grifava, em seu próprio enunciado ou assertiva, a alternativa correta, procedendo a sua leitura quando da revisão do assunto. Para a resolução de questões, costumeiramente, a maioria dos livros jurídicos voltados ao concurso público trazem, ao final de cada capítulo, o leque de questões de provas anteriores.

Para que seja realizada uma preparação mais específica para o cargo que exerce, existem, ainda, diversos livros voltados, exclusivamente, a questões de concursos específicos, bem como sites de internet que permitem a filtragem por bancas ou por carreiras, facilitando, sobremaneira, a simulação da prova e a identificação dos assuntos aos quais o candidato precisa dar maior atenção, ou melhor, aprofundar.

Ademais, iniciei também a leitura dos informativos. Destaco, aqui, a enorme importância deste ponto. Tradicionalmente, os concursos públicos sempre priorizaram a cobrança do contido na legislação ou na doutrina. De alguns anos para cá, mesmo bancas tradicionalmente conhecidas por cobrar a literalidade da legislação, como a Fundação Carlos Chagas – FCC, passaram a investir em um questionamento mais rebuscado, que vai além do conhecimento literal da lei para sua aplicação no caso concreto. Assim, os principais concursos públicos da atualidade muito exigem o conhecimento do entendimento dos superiores tribunais sobre o assunto questionado.

A maioria dos livros voltados para concursos públicos estão sempre se atualizando e trazendo, durante a exposição do assunto, o entendimento dos tribunais sobre a matéria ou, ao final do capítulo, a coleção dos principais julgados sobre o assunto. No entanto, para um melhor conhecimento, hoje, especialmente para os concursos das carreiras da Advocacia Geral da União, é de fundamental importância a leitura dos informativos do Supremo Tribunal Federal e do Superior Tribunal de Justiça dos últimos dois anos, uma vez que, quanto mais recente e novo o entendimento, maior a probabilidade de cobrança. Ademais, muitas vezes ocorre verdadeira mudança de entendimento, alterando, inclusive, o conteúdo do assunto previamente estudado nos livros, de forma que o candidato deve buscar se manter sempre atento e atualizado.

Cada candidato possui o seu método de estudo da jurisprudência. Sempre optei por ler um informativo de cada matéria por vez. Assim, por exemplo, lia todos os informativos do Superior Tribunal de Justiça e do Supremo Tribunal Federal sobre Direito Tributário. Apenas quando terminava esta leitura, passava para a próxima disciplina, e assim sucessivamente, até concluir a leitura de todos os informativos dos anos anteriores, para, somente após estar em dia com os informativos, passar a leitura dos informativos novos. Ademais, sempre optei por acumular alguns informativos, entendendo que a leitura conjunta de vários informativos, ao invés do acompanhamento e leitura quando da sua publicação, otimizam o tempo de estudo.

Realizei a leitura por sites especializados que já destacavam os trechos mais importantes, para otimizar o tempo. Em cada leitura, eu filtrava os temas que achava importante e os resumia, em pequenas frases, no computador, criando, assim, uma lista com várias frases sobre os assuntos. Para ser mais didático e facilitar a compreensão desta forma de estudo, destaco alguns exemplos:

Informativo 461/2011 – Superior Tribunal de Justiça

REQUISITO EXPRESSO. EDITAL. LEGALIDADE.

A Turma negou provimento ao recurso por entender que a exigência de apresentação de carteira nacional de habilitação pelo candidato a soldado no Estado de Mato Grosso do Sul é legal, uma vez que constava como requisito expresso no edital. Ademais, essa exigência disposta no edital está no âmbito da faculdade do administrador em, sabendo de suas necessidades, estabelecer, no edital, regras que entende necessárias para o provimento de determinado cargo. Assim, não houve qualquer violação dos princípios da igualdade, da impessoalidade e da moralidade. RMS 25.572-MS, Rel. Min. Celso Limongi (Desembargador convocado do TJ-SP), julgado em 3/2/2011.

Resumo: É legal a exigência, pelo edital, de CNH em um concurso, por ser faculdade da administração.

> **Informativo 462/2011 – Superior Tribunal de Justiça**
>
> PENHORA *ON-LINE*. SUBSTITUIÇÃO. FIANÇA.
>
> Discutiu-se a possibilidade de substituir a penhora *on-line* por fiança bancária na execução fiscal. Nesse contexto, o Min. Relator originário entendeu, com lastro nos arts. 9º, § 3º, e 15, I, ambos da Lei n. 6.830/1980, que não há como vetar essa substituição em qualquer fase do processo quanto mais ao considerar que a constrição em dinheiro pode ser extremamente gravosa ao executado, o que contraria o art. 620 do CPC. Também ressaltou haver precedente do STJ que considerou a fiança bancária tal como depósito em dinheiro para suficientemente garantir a execução fiscal. Contudo, ao final do julgamento, prevaleceram os votos divergentes, que entendiam ser necessária a comprovação dos pressupostos do princípio da menor onerosidade para possibilitar, eventualmente, a substituição. EREsp 1.077.039-RJ, Rel. originário Min. Mauro Campbell Marques, Rel. para acórdão Min. Herman Benjamin, julgados em 9/2/2011.
>
> **Resumo**: Em Execução Fiscal, para substituição da penhora *on-line* por fiança, faz-se necessário comprovar os pressupostos do princípio da menor onerosidade.

De forma concomitante à sistemática de estudo acima narrada, optei, ainda, no início de minha preparação, por me matricular em um curso jurídico voltado para as carreiras da Advocacia Geral da União e Defensoria Pública da União. A opção ou não pela realização de cursos jurídicos para concursos, matérias isoladas ou acompanhamento do rendimento nos estudos por profissionais (*Coaching*) é, realmente, uma dúvida corrente presente entre todos aqueles que iniciam os seus estudos para concursos públicos. Acredito que a necessidade ou não de realizar tais atividades sempre dependerá do nível em que se encontra o candidato.

Se, por um lado, os cursos jurídicos acabam por ajudar na realização de um estudo mais direcionado, filtrando os assuntos mais recorrentes nos concursos e que devem ser estudados de forma mais aprofundada, por outro, podem significar uma diminuição no tempo de estudo do candidato e a mera revisão de informações já absorvidas no estudo caseiro. Isto porque o curso, geralmente, atinge todos interessados no concurso, não sendo possível identificar o nível de cada um dos alunos (diferentemente de um curso para fase subjetiva, em que se presume que os aprovados já possuem uma boa base teórica), de forma que é bastante comum que as aulas sejam niveladas por baixo, realizando uma abordagem de todos os conceitos básicos e iniciais sobre a matéria, com alguns aprofundamentos pontuais.

Ademais, é comum que, pelo pouco tempo de aula, os cursos não consigam o esgotamento de todos os assuntos dos editais. Muitas vezes, inclusive, como no caso curso acima referido ao qual me submeti, as aulas não são voltadas, exclusivamente, para uma determinada carreira, fazendo com que o candidato acabe aprofundado assuntos que não serão cobrados, ou o serão com menor intensidade, no concurso que se almeja. Neste contexto, muitas vezes, um curso voltado para uma matéria isolada, ou seja, que tem por escopo estudar todos os conceitos e assuntos daquela matéria, desde os básicos aos mais aprofundados, pode trazer maior utilidade, sobretudo se corresponder a uma matéria em que o candidato note que tenha dificuldade.

No que tange aos profissionais de Coaching, embora nunca tenha contratado algum, é certo que podem ser de grande utilidade àquele candidato que tem dificuldade em iniciar um estudo organizado, de forma que o profissional, por sua experiência (geralmente, com bagagem de aprovações em diversos concursos) pode auxiliar o candidato na elaboração do planejamento e da organização do estudo, com estabelecimentos de metas, indicação de materiais etc. Assim, da mesma forma que os cursos, acredito que a opção por tal tipo de profissional vai decorrer do nível em que se encontra o candidato e da necessidade de um auxílio para a organização.

Destarte, deve-se ter em mente que, tanto os cursos para concursos públicos, como os profissionais de Coaching, embora

O começo dos estudos   35

sejam bastante úteis e auxiliem, de fato, a preparação do candidato, não são indispensáveis ou condições sem as quais não se logrará êxito em um concurso público. A escolha por realizá-los é casuística e depende de uma autoanálise do candidato acerca das suas condições de estudo, do seu tempo disponível, avaliando-se a utilidade e a necessidade da mencionada contratação.

Em minha experiência, dos cursos a que tive a oportunidade de me submeter ao longo de minha preparação, os de matérias isoladas e os para fases subjetivas e oral foram, realmente, de grande utilidade e agregaram muito conhecimento. No que tange aos cursos mais gerais, por sua vez, voltados à preparação para a Advocacia Pública, por exemplo, sempre tive a sensação de que, embora agregassem conhecimento, seria mais útil, para a minha preparação, utilizar o tempo despendido com o estudo da matéria por meio de livros.

De início, eu consegui seguir o cronograma acima narrado e todo o estudo a que me propus. Ocorre que, após poucos meses do efetivo início dos estudos para o concurso para Advogado da União, começaram a surgir notícias sobre a possível publicação do edital, o que fez com que eu procedesse a uma verdadeira readaptação de toda a minha programação.

Assim, apesar de considerá-la ideal, pelas circunstâncias, não pude segui-la da forma com que gostaria. Destarte, optei por sair do curso para concursos após menos de três meses de seu início e passei a focar no estudo, em casa, através de livros para concursos, por acreditar que seria a única forma (e a mais rápida) de conseguir concluir todos os assuntos que constavam do programa do edital. Ademais, optei por reduzir bastante o tempo despendido com a leitura da legislação, da jurisprudência e com a realização de questões.

À época, entendi que a maioria dos livros consegue condensar os principais entendimentos jurisprudenciais, textos de legislação e questões cobradas nos concursos públicos, de forma que, diante da forçosa intensidade da minha preparação e da luta para conclusão das matérias do programa do edital para o concurso de Advogado da União, concentrei meus estudos nos livros, otimizando o meu tempo na minha preparação desta reta final.

Importante frisar que todo o método e forma de estudo acima mencionados não foram por completo abandonados. Ainda que não tenha conseguido segui-los no estudo para a primeira fase, passei a utilizá-los, novamente, a partir do estudo para segunda fase do concurso. Assim, reitero que reputo importante o estudo conjunto dos livros, da legislação, da jurisprudência e a resolução de questões, considerando-os a preparação mais completa.

No entanto, destaco que sempre deve haver uma flexibilidade e adaptação ao seu tempo disponível. Conheço Procuradores da Fazenda Nacional que já exerciam cargo no Judiciário e, por terem tempo reduzido, focaram seus estudos para o concurso da PGFN, em sua maior parte, na leitura de jurisprudência. Outros, na mesma situação, optaram por dar um enfoque maior à legislação. Claro que, todos eles, já possuíam uma base doutrinária estudada quando dos concursos para o cargo que já exerciam. Portanto, não existe uma fórmula absoluta e aplicável a todos os candidatos.

A preparação ideal é abranger os quatro elementos acima mencionados, por abarcar todas as formas de cobrança do conteúdo na prova, o que não significa que, caso tenha, por alguma circunstância, que estudar de forma diversa, não poderá realizar uma boa preparação e, ainda, lograr êxito em algum certame. Destaco, novamente, a importância do domínio do conteúdo da doutrina, da legislação e da jurisprudência, que, às vezes de forma isolada, outras de forma conjunta, são sempre cobradas na prova. Para que se tenha uma dimensão de como são exigidos esses três elementos, analisaremos algumas questões cobradas no concurso de 2015 para o cargo de Procurador da Fazenda Nacional.

A questão 19, de Direito Tributário, exigia do candidato apenas o conhecimento do Código Tributário Nacional. A questão 45, de Direito Constitucional, por sua vez, exigia o conhecimento da literalidade da Constituição Federal. Também a questão 62, de Direito Processual Civil, exigia o conhecimento da legislação processual, de forma que, através da mera leitura da legislação, seria possível obter êxito nas três questões, encontrando-se a alternativa correta:

19 – Estão submetidas a sigilo fiscal as informações relativas a:

a) representações fiscais para fins penais.

b) inscrições na Dívida Ativa da Fazenda Pública.

c) parcelamento ou moratória.

d) bens, negócios ou atividades do contribuinte ou de terceiros.

e) dados cadastrais do contribuinte.

45 – Sobre os servidores públicos, assinale a opção incorreta.

a) Os vencimentos dos cargos do Poder Legislativo e do Poder Judiciário não poderão ser superiores aos pagos pelo Poder Executivo.

b) O direito de greve será exercido nos termos e nos limites definidos em lei complementar.

c) É vedada a vinculação ou equiparação de quaisquer espécies remuneratórias para o efeito de remuneração de pessoal do serviço público.

d) A administração fazendária e seus servidores fiscais terão, dentro de suas áreas de competência e jurisdição, precedência sobre os demais setores administrativos, na forma da lei.

e) A lei estabelecerá os casos de contratação por tempo determinado para atender à necessidade temporária de excepcional interesse público.

62 – Inclui-se na competência dos juizados especiais cíveis federais:

a) ação de desapropriação.

b) execuções fiscais.

c) ação de anulação de lançamento fiscal.

d) ação sobre bens imóveis da União.

e) as causas fundadas em tratado ou contrato da União com Estado estrangeiro ou organismo internacional.

Por outro lado, a questão 1, de Direito Tributário, embora também exigisse, basicamente, o conhecimento da legislação (Lei de Execução Fiscal), conforme quatro de suas assertivas, na alternativa "c" fora cobrado o conhecimento do entendimento jurisprudencial acerca da aplicação subsidiária do Código de Processo Civil à Lei de Execução Fiscal para que houvesse a aplicação do efeito suspensivo. Assim, fora exigido do candidato o conhecimento conjunto da literalidade da legislação e da interpretação sobre ela dada pelo Superior Tribunal Justiça, de forma que o mero estudo da legislação não seria suficiente para responder, com segurança, a questão.

1 – De acordo com a Lei de Execução Fiscal:

a) o prazo para substituição da certidão de dívida ativa caduca na data de citação do executado.

O começo dos estudos 39

b) a dívida ativa executada, exclusivamente tributária, abrange atualização monetária, juros e multa; a dívida não tributária não se sujeita ao rito especial da Lei n. 6.830/80.

c) os embargos na execução fiscal independem de garantia da execução e, em regra, não têm efeito suspensivo, salvo comprovação, pelo executado, de risco de dano irreparável ou de difícil reparação, por aplicação subsidiária do CPC.

d) a citação deve ser feita obrigatoriamente por oficial de justiça.

e) a intimação da penhora é feita por publicação na imprensa oficial do ato de juntada do termo ou auto de penhora, sendo também admitida a intimação pessoal ou por via postal.

Outras questões da mencionada prova exigiram, basicamente, o conhecimento doutrinário sobre o tema tratado. A questão 56, de Direito Constitucional, por exemplo, versava sobre a origem do termo neoconstitucionalismo. A questão 63, de Direito Processual Civil, por sua vez, abordou todos os aspectos inerentes ao conceito do princípio do juiz natural. Ou seja, não seria possível responder a todas elas sem a leitura dos livros de cada uma das matérias.

56 – Sobre "neoconstitucionalismo", é correto afirmar que se trata:

a) de expressão doutrinária, de origem inglesa, desenvolvida com a série de julgados da Câmara dos Lordes, que retém competência legislativa e judicante.

b) de expressão doutrinária, que tem como marco histórico o direito constitucional europeu, com destaque para o alemão e o italiano, após o fim da Segunda Guerra mundial.

c) do novo constitucionalismo de expressão doutrinária, que tem origem e marco histórico no direito brasileiro com a redemocratização e as inovações constantes da Constituição de 1946.

d) de expressão doutrinária, de origem anglo-saxã, desenvolvida na Suprema Corte dos Estados Unidos à época em que John Marshall era seu presidente, caracterizada pelo amplo ativismo judicial.

e) de expressão doutrinária atribuída ao constitucionalista argentino Bidart Campos e tem como marco histórico a reforma constitucional de 1957.

63 – A respeito do princípio do juiz natural, julgue os itens a seguir e indique a opção correta.

a) Constitui densificação de tal princípio a necessidade de distribuição por dependência quando, tendo sido extinto o processo sem resolução de mérito, for reiterado o pedido.

b) Segundo esse princípio, o juiz que colheu a prova dos autos deve necessariamente proferir a sentença.

c) A jurisdição só pode ser exercida nos limites territoriais da respectiva comarca ou seção judiciária.

d) Nenhuma lesão ou ameaça a direito pode ser excluída da apreciação do Poder Judiciário.

e) Deverá o magistrado julgar de forma livre, desde que fundamentada a decisão de acordo com as provas constantes dos autos.

Houve questões, ainda, que resultaram em um verdadeiro misto de conhecimento doutrinário e jurisprudencial, exigindo-se, pois, do candidato, o conhecimento sobre os diversos aspectos do tema. É o que ocorreu, por exemplo, com a questão

26, de Direito Financeiro, que versou sobre orçamento público, bem como na questão 67, de Direito Processual Civil, acerca da exceção de pré-executividade:

26 – O orçamento público é instrumento de longa história, gozando de elevada importância. Não por acaso, tal instituto, no contexto brasileiro, possui ampla normatização, angariando, por conseguinte, grande exame pela doutrina jurídica. Considerando a temática, assinale a opção correta:

a) A natureza jurídica do orçamento público, consoante o jurista alemão Hoennel, é de ato administrativo, não tendo sequer o status de lei formal.

b) O orçamento participativo abstratamente considerado vai de encontro ao processo de democracia deliberativa.

c) Segundo a jurisprudência mais atualizada, não é cabível controle de constitucionalidade de lei orçamentária.

d) Em face de seu caráter estratégico no âmbito do planejamento orçamentário, apenas a União pode elaborar o Plano Plurianual.

e) A lei de diretrizes orçamentárias surgiu, na realidade brasileira, com a Constituição Federal de 1988 e terá, entre outras funções, o mister de dispor sobre condições e exigências para transferência de recursos a entidades públicas e privadas.

67 – Ao apreciar exceção de pré-executividade em que o executado alegou prescrição, o juiz entendeu que o crédito tributário não estava prescrito, decisão que transitou em julgado, sem impugnação das partes. Diante deste panorama, indique a opção correta.

a) Essa decisão é uma sentença, pois apreciou o mérito da demanda, e poderia ter sido impugnada pelo recurso de apelação. Diante da não impugnação, formou-se coisa julgada material.

b) Trata-se de decisão interlocutória, que poderia ter sido impugnada por meio de agravo de instrumento. Por não se tratar de sentença, não houve formação de coisa julgada material.

c) Por não haver urgência, o instrumento adequado à impugnação da referida decisão era o agravo retido, que deveria ser reiterado nas razões de apelação.

d) Trata-se de decisão interlocutória, que poderia ter sido impugnada por meio de agravo de instrumento. Por tratar do mérito da demanda, tem plena aptidão de formar coisa julgada material.

e) A prescrição, por se tratar de questão de ordem pública, pode ser novamente veiculada em futuros embargos à execução, não havendo de se cogitar em formação de coisa julgada material.

Constata-se, assim, que a prova para o concurso de Procurador da Fazenda Nacional, organizada pela Escola de Administração Fazendária – ESAF, é composta por questões baseadas em um misto de jurisprudência, doutrina e legislação, sendo, portanto, indispensável, ao candidato o conhecimento dessas três áreas para realização da prova, demandando, assim, uma preparação que envolva, em seu tempo de estudo, esses três aspectos.

1.2 O CRONOGRAMA

Ponto importante na organização do estudo é saber utilizar o tempo disponível e distribuí-lo de forma adequada às disciplinas a serem estudadas. No início da minha preparação, como estudava de acordo com o programa do edital para Advogado da União, que possuía 16 matérias, muitas das quais sequer havia estudado na Universidade, e outras, embora tenha estudado, não o fiz com grande profundidade, optei por focar nas matérias que reputei principais. Muitos especialistas indicam, na construção do horário de estudo, trabalhar com várias matérias por semana, ou até, durante o mesmo dia. Sempre optei, no entanto, por estudar, ao mesmo tempo, poucas matérias, incluindo outras, gradativamente, quando da conclusão de uma das primeiras.

Assim, inicialmente, utilizei o meu tempo para revisar Direito Administrativo (já estudado quando da OAB), e estudar Direito Constitucional, Direito Civil, Direito Processual Civil, Direito Empresarial e Direito Tributário, com o intuito de, quando estivesse mais seguro nestes assuntos, inserir no cronograma as demais matérias. Sempre imaginei que, dando preferência a estas matérias, estaria apto a prestar quaisquer outros concursos que aparecessem ao longo da minha preparação, por serem matérias presentes em quase todos eles, e, de fato, foi o que aconteceu, tendo, como dito, logrado aprovação em diversos outros concursos antes de ser nomeado para Procurador da Fazenda Nacional.

Estudar para concurso público não se limita ao simples ato de sentar para ler. Demanda-se planejamento e organização para definir quais as matérias são prioritárias de serem estudadas e a quantidade de tempo que se deve atribuir a cada um dos assuntos. Neste contexto, ao criar o meu horário de estudo, sempre procurei levar em consideração fatores como o tempo disponível, a quantidade de matérias a serem lidas, a importância (peso) de cada matéria no concurso a ser prestado, o grau de conhecimento que já possuía sobre a matéria e o tamanho do conteúdo da matéria a ser lida. Por exemplo, considerando uma pessoa que possui oito horas por dia para estudar, sem incluir sábados e domingos, haveria quarenta horas de estudo por semana, o que corresponde a vinte blocos de duas horas cada. Atribuindo-se dois blocos a cada uma das seis matérias acima mencionadas, sobrariam oito blocos restantes, os quais devem ser preenchidos com as matérias de maiores pesos, de maior tamanho ou até de matérias em que o candidato possua mais deficiência.

No caso do programa do edital para o concurso de Advogado da União, dado o maior peso, optei por, inicialmente, distribuir mais horas de estudo à Direito Constitucional, Direito Administrativo e Direito Processual Civil, sem prejuízo de, à medida que fui avançando no estudo e adiantando os capítulos do livro, substituir este bloco excedente por outras matérias. Ademais, no exemplo dado, como, no final de semana, não houve o compromisso de estudo regular, utilizava eventuais horários livres para estudo da jurisprudência e resolução de questões.

De início, como já dito, consegui seguir o cronograma e todo o estudo a que me propus. Após, aproximadamente, cerca de seis meses do efetivo início dos estudos para o concurso de Advogado da União, fora publicado o edital, de forma que, para concluir o programa antes da prova, fui obrigado a tecer as alterações já mencionadas, passando, assim, a dar maior enfoque à leitura dos livros. Como havia me dedicado, até o momento, ao estudo das seis matérias básicas, já tendo, inclusive, concluído várias delas, passei à leitura das outras matérias, dedicando-me, a cada semana, exclusivamente, a duas matérias, até concluir a leitura de todos os livros.

Não reputo que este método de trabalhar com apenas duas matérias ao mesmo tempo seja ideal, mas, no contexto em que me encontrava, foi a opção que entendi mais célere e que mais se adequou à minha situação.

Em um ritmo acelerado de estudo, consegui concluir todo o programa, ainda que, para algumas matérias, como Direito

O começo dos estudos 45

Internacional Público e Privado, por exemplo, tenha tecido uma leitura mais célere por pequenos livros e resumos. De fato, o ideal de um bom planejamento do estudo é que haja uma verdadeira verticalização, ou seja, deve-se buscar aprofundar todos os assuntos de cada uma das matérias. Nivelando-se por cima, estar-se apto a prestar qualquer prova.

No entanto, em situações como a que vivenciei, não havendo tempo para concluir todo o programa, é mais recomendável que se realize um estudo horizontal das matérias reputadas menos importantes, ou seja, conhecer os aspectos gerais de cada ponto do conteúdo, do que investir em uma leitura mais profunda e detalhada e acabar não conseguindo estudar todas as matérias. Isto porque, em regra, todas as provas de concurso público possuem questões de níveis fácil, moderado e difícil, de forma que, conseguindo-se concluir o programa, ainda que com uma leitura mais rasa sobre alguma matéria, é possível pontuar nas questões mais fáceis.

Devidamente estudado todo o conteúdo e após uma breve revisão, chegou o grande dia para o qual me preparei por meses. E, com a proximidade da prova, inicia-se uma grande pressão no emocional do candidato, requerendo-se alguns cuidados. Quando se estuda para uma carreira que, realmente, almeja-se muito a aprovação, é normal a expectativa criada por familiares e amigos, algo que, se não for bem administrado, acaba se transformando em pressão e nervosismo. Antes do início da prova, igualmente, passa-se por um período de grande apreensão e tensão, situação que vai sendo dosada e diminuindo ao longo da experiência adquirida pelo candidato na realização de outros concursos.

Durante a prova, também, deve-se sempre buscar um controle mental, sobretudo quando se estiver diante de questões de grande dificuldade ou de uma prova extensa, com tempo reduzido. No meu caso, em que pese já ter prestado alguns concursos antes deste dia, não consegui administrar bem o tempo e o nervosismo, talvez pelo fato de ser este o concurso para o qual sempre me preparei. Sem conseguir manter a concentração e controlar o tempo, acabei não realizando uma boa prova e, ao final, fui reprovado no concurso, pelo corte em um dos grupos, por apenas três alternativas de certo ou errado (destaca-se que, ao contrário do concurso para Procurador da Fazenda Nacional, organizado pela ESAF, o concurso para Advogado da União é realizado pela CEBRASPE, antiga CESPE, e consiste em assertivas de certo ou errado).

É certo que, em situações como esta, é, realmente, difícil manter o foco e retornar aos estudos com a mesma disciplina e motivação, sobretudo diante do sentimento de frustração e do efetivo cansaço de imaginar que seria necessário estudar todos os assuntos novamente, talvez por mais alguns anos, até o próximo concurso.

No entanto, após um breve período de descanso e recuperação, três semanas depois deste resultado, submeti-me à prova objetiva do concurso para Procurador da Fazenda Nacional. Não havia me preparado especificamente para esta prova, sequer havia me aprofundado na matéria de Direito Tributário cobrada para este certame (bem mais extensa e aprofundada do que o concurso da AGU), uma vez que havia conduzido toda a minha preparação com base no programa do edital para o concurso de Advogado da União.

Neste período sabático, limitei-me a assistir a uma rápida revisão *on-line*, de pouco menos de duas horas de aula por matéria voltada ao concurso da PGFN. Desta vez, não sendo o cargo que almejava, até por desconhecimento de suas atribuições rotineiras e pela ausência de um estudo muito aprofundado da matéria Direito Tributário, realizei a prova sem sentir qualquer pressão ou nervosismo, encarando-a como apenas mais um teste que me traria a experiência adquirida necessária à minha preparação para futuros concursos.

A prova foi bastante extensa e de um nível teórico muito exigente. Tão extensa que, faltando poucos minutos para o seu fim, ainda restava resolver algumas questões de Direito Processual Civil, matéria que, certamente, trouxe os questionamentos mais difíceis neste certame. Mesmo neste contexto, diferentemente da prova da AGU, eu soube manter a calma e usar a estratégia. Em situações como esta, em que o tempo se está findando e ainda há questões a serem resolvidas, o indicado é que o candidato preencha logo toda a folha de resposta com os gabaritos das questões já resolvidas, garantindo, assim, ao menos os pontos nestas questões. Após o preenchimento, volta-se à resolução das questões faltantes, preenchendo, se for o caso, os respectivos gabaritos diretamente na folha de respostas.

Diante da dificuldade da prova, ao sair da sala, encontrei vários amigos, muitos que, inclusive, haviam se preparado especificamente para este concurso, e o clima geral era de frustração e decepção, com todos achando que haviam sido reprovados. Compartilhei deste mesmo sentido de reprovação, mas sem tanta melancolia, haja vista que, menos de três semanas atrás, já havia saboreado um sentimento pior. No dia seguinte, na verificação do gabarito provisório pela ESAF, julguei ter sido reprovado por uma questão no ponto de corte de um dos grupos.

No entanto, para minha surpresa, como prova de que o conhecimento acumulado agrega muito na aprovação, bem como que o candidato tem chance de êxito em qualquer concurso, independentemente do foco ou da meta que definiu, após a divulgação resultado definitivo, fui aprovado para a fase subjetiva. Não só não havia caído no ponto de corte (na verdade, havia copiado o gabarito de uma questão errado), como também tinha ganhado diversas questões com as alterações de gabarito após os recursos.

Destaco, aqui, caso você se depare com situação semelhante, sendo reprovado no concurso para o qual se preparou, que não desista e não se desestimule, pois tudo o que o você estudou foi transformado em conhecimento acumulado e experiência, e, certamente, será aproveitado para o próximo certame. Ademais, a reprovação na AGU me ajudou a identificar uma enorme falha em minha preparação, pois a maior perda de pontos ocorrera justamente em questões que cobravam o conhecimento jurisprudencial, de forma que passei a agregar mais tempo no estudo dos informativos de jurisprudência, já que, como acima mencionado, havia diminuído o tempo a ela dedicado diante da proximidade do concurso.

Apesar de, efetivamente, ter sido aprovado na primeira fase do concurso para Procurador da Fazenda Nacional, tendo estudado com base no programa do edital do concurso para Advogado da União, hoje, com o conhecimento que tenho sobre a carreira e as matérias específicas, aprofundadas ao longo do estudo para as fases subjetiva e oral, do cotidiano da Procuradoria e do auxílio aos candidatos que se prepararam para a o concurso de 2015, acaso fosse me submeter, novamente, ao concurso de Procurador da Fazenda Nacional, optaria por me planejar da mesma forma que iniciei meus estudos, com a leitura de livros para concurso, informativos, legislação e resolução de questões, priorizando, sempre, as matérias de maior incidência no concurso.

1.3 ANÁLISE DA FASE OBJETIVA DO CONCURSO PARA PROCURADORIA GERAL DA FAZENDA NACIONAL E AS MATÉRIAS A SEREM ESTUDADAS

Para saber o que devemos priorizar no estudo, o ideal é conhecermos um pouco mais sobre o concurso de Procurador da Fazenda Nacional, em especial as matérias que constam do programa do edital, a quantidade de questões cobradas de cada matéria, bem como os assuntos mais recorrentes nas últimas provas, possibilitando, assim, seja dado um maior enfoque a determinados assuntos quando do planejamento.

O concurso para Procurador da Fazenda Nacional é, tradicionalmente, organizado pela Banca Escola de Administração Fazendária – ESAF, em virtude da própria relação de vínculo administrativo que possui a Procuradoria Geral da Fazenda Nacional com o Ministério da Fazenda. A partir do concurso de 2012, no qual fui aprovado, fora acrescentado às etapas do certame o exame de prova oral, de forma que fiz parte da primeira leva de Procuradores da Fazenda Nacional a passarem por esta modalidade de avaliação. Assim, nas últimas duas edições, os concursos para PGFN foi composto pelas seguintes fases:

FASE	DESCRIÇÃO
Prova Objetiva	De caráter seletivo, eliminatório e classificatório, valendo, no máximo, 100 (cem) pontos.
Prova Discursiva I	De caráter seletivo, eliminatório e classificatório, valendo, no máximo, 100 (cem) pontos.
Prova Discursiva II	De caráter seletivo, eliminatório e classificatório, valendo, no máximo, 100 (cem) pontos.
Prova Discursiva III	De caráter seletivo, eliminatório e classificatório, valendo, no máximo, 100 (cem) pontos.
Prova Oral	De caráter seletivo, eliminatório e classificatório, valendo, no máximo, 100 (cem) pontos.
Títulos	De caráter apenas classificatório, valendo, no máximo, 30,5 (trinta pontos e meio).
Sindicância de vida pregressa	De caráter apenas eliminatório.

Foquemos, por ora, na primeira etapa do concurso, sendo as demais fases analisadas nos capítulos seguintes. A prova objetiva é, tradicionalmente, composta por 100 questões de alternativas "a, b, c, d, e" e com tempo máximo de duração de cinco horas. Em sua última edição (2015), o total de candidatos inscritos no certame correspondeu a 18.662 pessoas, ocasionando, assim, uma concorrência de 124,4 candidatos por vaga, sendo que o índice de faltosos chegou a vinte por cento.

Para ser considerado aprovado nesta primeira etapa, o candidato deve obter o mínimo de cinquenta por cento de acertos em cada um dos grupos das matérias, que serão a seguir analisados. Dentre os aprovados, o concurso de 2015 apenas considerou habilitados e classificados à etapa seguinte aqueles que se encontrassem até a posição 448ª, para ampla concorrência, 32ª posição na listagem de candidatos portadores de necessidades especiais e até a posição 120ª na listagem de candidatos que se declararam negros. Destarte, para serem aprovados na fase objetiva deste último certame, os candidatos tiveram que acertar, respectivamente, 64, 52 e 59 pontos. Ou seja, considerando a ampla concorrência, vê-se, desde já, que, das cem questões, fez-se necessário o acerto de sessenta e quatro por cento, tendo a nota mais alta sido de oitenta e dois pontos, o que demonstra que, apesar do alto nível da prova, há uma grande margem para erros.

O programa do edital do concurso para Procurador da Fazenda Nacional é composto por quatorze matérias, divididas em três grandes grupos, cada um com as suas matérias e números específicos de questões, da seguinte forma:

GRUPOS	DISCIPLINAS	Nº QUESTÕES OBJETIVAS
I	Direito Constitucional	60
	Direito Tributário	
	Direito Financeiro e Econômico	
	Direito Administrativo	
II	Direito Internacional Público	32
	Direito Empresarial	
	Direito Civil	
	Direito Processual Civil	
III	Direito Penal e Processual Penal	8
	Direito do Trabalho e Processual do Trabalho	
	Direito da Seguridade Social	

Em que pese dispor, expressamente, sobre o número total de questões a serem cobradas referentes a cada grupo de matérias, o edital do concurso de 2015 não especificou o número de questões por matéria, demandando-se, assim, uma verdadeira análise das questões cobradas em todos os concursos anteriores para Procurador da Fazenda Nacional para que cheguemos a uma média, possibilitando-se a identificação das matérias de maior incidência. Considerando as questões, de cada matéria, que foram objeto de cobrança na prova objetiva dos concursos de 2003, 2004, 2007, 2012 e 2015, chega-se aos seguintes percentuais médios:

DISCIPLINA	PERCENTUAL	DISCIPLINA	PERCENTUAL
Tributário	18,4%	Empresarial	5,6%
Constitucional	17,8%	Seguridade Social	4,1%
Processo Civil	17,2%	Internacional	3,2%
Administrativo	10,6%	Penal e Processo Penal	3,2%
Financeiro e Econômico	10,6%	Trabalho e Processo do Trabalho	2,5%
Civil	6,4%		

Por outro lado, se considerarmos apenas as provas objetivas aplicadas nos concursos de 2012 e 2015, quando fora inaugurada a nova sistemática que inclui a fase da prova oral, embora haja mudança no percentual das questões cobradas por matéria, a ordem das matérias mais cobradas continua a mesma. Vejamos o quadro abaixo:

DISCIPLINA	PERCENTUAL	DISCIPLINA	PERCENTUAL
Tributário	20%	Empresarial	5%
Constitucional	20%	Seguridade Social	4%
Processo Civil	20%	Internacional	2%
Administrativo	10%	Penal e Processo Penal	2%
Financeiro e Econômico	10%	Trabalho e Processo do Trabalho	2%
Civil	5%		

A partir desta análise, pode-se concluir, de forma segura, quais matérias devem ser priorizadas, o que não significa, de forma alguma, abandonar o estudo das demais. Quando falo em priorizar, significa dizer atribuir maior tempo de estudo às referidas matérias, dada a maior probabilidade cobrança. Por exemplo, o Grupo I é composto por quatro matérias, que corres-

O começo dos estudos 53

pondem ao total de sessenta questões, sendo que, destas, Direito Constitucional e Direito Tributário, juntos, totalizam quarenta questões, sendo, assim, certamente, as matérias que merecem uma atenção e dedicação especial. No Grupo II, das trinta e duas questões, apenas Direito Processual Civil é responsável por vinte delas. Por sua vez, no Grupo III, das oito questões, cinquenta por cento são atribuídas ao Direito da Seguridade Social.

Conforme dito acima, para montagem de um cronograma, sempre optei por escolher um bloco de matérias, não estudando, ao mesmo tempo, todas as matérias do concurso, por diversos motivos. Acredito que é de grande importância o controle do fator psicológico, no sentido de perceber que, de fato, o candidato está avançando no conteúdo de determinadas matérias, sendo que estudar quatorze delas ao mesmo tempo não possibilita tal percepção. Ademais, o estudo de quatorze assuntos diferentes, dentre os quais se encontram matérias geralmente desconhecidas pelo aluno egresso da Universidade, como Direito Econômico, Direito Financeiro e Direito Internacional Público pode diminuir o rendimento no estudo global e até gerar verdadeira desmotivação.

Ainda, ressalto o entendimento de que devem ser priorizadas, no início dos estudos, as matérias que, geralmente, encontram-se no programa dos editais dos mais diversos concursos, constituindo-se matérias base, possibilitando, assim, sejam prestados, com êxito, outros certames ao longo da preparação.

Por estes motivos, em um primeiro momento, caso se esteja no início dos estudos para o concurso de Procurador da Fazenda Nacional, recomendo que sejam estudadas as matérias de Direito Tributário, Direito Constitucional, Direito Processual Civil, Direito Administrativo, Direito da Seguridade Social e Direito Civil, atribuindo-se mais tempo de estudo às três primeiras e igual tempo de estudo às três últimas. Ressalta-se que Direito da Seguridade Social possui um grande peso no concurso para o Grupo III, Direito Administrativo possui grande percentual de questões e Direito Civil, embora não lhe seja atribuída uma grande pontuação, consiste em uma matéria extensa e que demanda maior tempo para conclusão de todos os seus assuntos. À medida que o candidato for concluindo as matérias, ou em caso de proximidade da publicação do edital de abertura do concurso, deve inserir, gradativamente, as disciplinas restantes, até a conclusão de todo o programa do edital.

No entanto, como sempre, repiso que não se trata de uma regra absoluta, devendo-se, sempre, levar em consideração, quando do planejamento e organização do estudo, as particularidades de cada candidato. Destarte, caso o candidato já possua um bom tempo de estudo para outros concursos, sendo dotado, assim, de uma base consolidada em muitas das matérias acima citadas, pode iniciar seus estudos através da leitura das disciplinas faltantes, mesclando-as com constantes revisões das matérias já estudas, sem nunca se esquecer da atenção especial a ser dada às matérias reputadas de maior incidência.

Por fim, ainda sobre o estudo para a fase objetiva, com o intuito de auxiliar o seu planejamento e a sua preparação para o concurso para Procurador da Fazenda Nacional, analisei, de forma detalhada, todas as provas objetivas dos concursos de 1998, 2003, 2004, 2007, 2012 e 2015, destacando os assuntos, de cada matéria, que foram cobrados na prova, concluindo-se, assim, pelos assuntos que são de maior incidência e merecem atenção especial.

Como se observa abaixo, embora diversos sejam os pontos do programa do edital abordados ao longo de todas as edições dos concursos analisados para Procurador da Fazenda Nacional nas matérias referentes ao Grupo I, nota-se a existência de algumas matérias prevalentes. Neste sentido, em Direito Constitucional, há uma grande incidência da cobrança dos assuntos referentes à Controle de Constitucionalidade, Poder Judiciário

O começo dos estudos 55

e Direitos e Garantias Fundamentais. Já na prova de Direito Administrativo, costuma-se cobrar do candidato, em grande parte, os assuntos referentes a Licitações, Serviços Públicos, Servidores Públicos e Atos Administrativos.

No que tange ao Direito Tributário, os assuntos de maior abordagem são Processo Judicial Tributário, cobrando-se, com frequência, o entendimento acerca da Medida Cautelar Fiscal e da Execução Fiscal e respectivos Embargos; Crédito Tributário e Impostos Federais em espécie. Em relação ao Direito Financeiro, é de grande importância, pelo índice de cobrança, o estudo de todo o assunto que envolve o orçamento, desde os princípios à Lei nº 4320/64, bem como as despesas públicas. Já em Direito Econômico, prevalece a exigência do conhecimento das disposições constitucionais sobre a ordem econômica, bem como a matéria de defesa da concorrência, envolvendo as penalidades aplicáveis e a Lei do CADE.

DIREITO CONSTITUCIONAL								
ASSUNTO	1998 (13)	2003 (10)	2004 (15)	2007 (15)	2012 (20)	2015 (20)	TOTAL (93)	%
Controle de Constitucionalidade	4	2	5	2	2	4	19	20,4%
Direitos e Garantias fundamentais		2	2	2	4	2	12	12,9%
Poder Judiciário	2	1	1	2	1	4	11	11,8%
Processo Legislativo	2	1	1	1		3	8	8,6%
Direitos Políticos	2				1	1	4	4,3%
Federação	1		1	2	3	1	8	8,6%
Servidores Públicos	1		1			1	3	3,2%
Sistema Tributário Nacional	1	1	1				3	3,2%
Remédios Constitucionais		1	2		1		4	4,3%
Poder Legislativo		1		1	1		3	3,2%
Intervenção		1					1	1,1%
Princípios Fundamentais			1		2		3	3,2%

DIREITO CONSTITUCIONAL							
Constituição				1		1	2	2,1%
Normas Constitucionais				1	1	1	3	3,2%
Ordem Econômica e Financeira				1			1	1,1%
Poder Executivo				2	1		3	3,2%
Poder Constituinte					1		1	1,1%
Administração Pública					1		1	1,1%
Advocacia Geral da União					1		1	1,1%
Constitucionalismo Atual						1	1	1,1%
Hermenêutica Constitucional						1	1	1,1%

DIREITO TRIBUTÁRIO

ASSUNTO	1998 (13)	2003 (14)	2004 (15)	2007 (15)	2012 (20)	2015 (20)	TOTAL (97)	%
Obrigação Tributária	3		2			3	8	8.2%
Legalidade Tributária	2						3	3.1%
Norma Tributária	2		1	1		2	6	6.2%
Tributo: conceito e espécies	1			1	1	1	4	4.1%
Crédito Tributário	1	3	4	1		1	10	10.3%
Responsabilidade Tributária	1	1	2	2			6	6.2%
Garantias e Privilégios do Crédito Tributário	1	1		1			3	3.1%
Sistema Tributário Nacional	2	1	2		1	1	7	7.2%
Sigilo Fiscal e Bancário		1	1	1	1	1	4	4.1%
Processo Administrativo Fiscal		1	1	1	1		4	4.1%
Processo Judicial Tributário		3	2	1	2	3	11	11.3%

DIREITO TRIBUTÁRIO							
Parcelamento Ordinário e Especial		1	1				2	2%
SIMPLES		1			1	1	3	3.1%
Impostos Federais		1		1	2	5	9	9,3%
Dívida Ativa					1	1	2	2%
CADIN					1		1	1%
Preço de Transferência					1	1	2	2%
Tributação Internacional						1	1	1%
Tributação no Regime Falimentar					1	1	2	2%
Administração Tributária						1	1	1%
Política Fiscal						2	2	2%
Lei nº 11.941/2009						1	1	1%
CARF						2	2	2%
Contribuições Sociais					1	2	3	3.1%

DIREITO ADMINISTRATIVO

ASSUNTO	1998 (13)	2003 (7)	2004 (15)	2007 (10)	2012 (10)	2015 (10)	TOTAL (65)	%
Conceito de Administração Pública	1	1					2	3,1%
Fontes do Direito Administrativo	1	1					2	3,1%
Centralização e Descentralização	2	1		1			4	6,1%
Poder Hierárquico	1			1			2	3,1%
Licitações	1	1	3	1	1	1	8	12,3%
Contratos Administrativos	1	1	2			1	5	7,7%
Serviços Públicos e PPP	1	1	1	1	3	1	8	12,3%
Bens Públicos	1		1				2	3,1%
Intervenção do Estado Sobre a Propriedade	2						2	3,1%
Controle	1		1	1		1	4	6,1%
Servidores Públicos	1	1	3		2	1	8	12,3%

DIREITO ADMINISTRATIVO								
Atos Administrativos	1		2	1	2	1	7	10,7%
Responsabilidade Civil do Estado			1	1	1		3	4,6%
Procedimento Administrativo			1	1	1		3	4,6%
Convênios				1		2	3	4,6%
Estrutura e Funcionamento da AGU, MF e PGFN				1			1	1,5%
Acesso à Informação						1	1	1,5%
Poder de Polícia						1	1	1,5%

DIREITO FINANCEIRO E ECONÔMICO								
ASSUNTO	1998 (13)	2003 (8)	2004 (15)	2007 (10)	2012 (10)	2015 (10)	TOTAL (6)	%
Finanças Públicas na CF88	1		1	2			4	6%
Orçamento	4	1	4	1	1	1	12	18,2%
Despesas Públicas	1	2	3	1	3	2	12	18,2%
Receitas Públicas			1	1			2	3%
Crédito Público	2	1				1	4	6%
Taxas e Tarifas	1						1	1,5%
Modalidades de Intervenção Econômica	1	1				1	3	4,5%
Ordem Constitucional Econômica	3		1	1	2	2	9	13,6%
Dívida Ativa da União		1	1		1		3	4,5%
Ordem Econômica Internacional e Regional		1	1	2	1	1	6	9,1%
Defesa da Concorrência e Infrações		1	3	2		1	7	10,6%
Sistema Financeiro Nacional					2	1	3	4,5%

No que tange às matérias integrantes do Grupo II, em que prevalece o maior número de questões de Direito Processual Civil, exige-se, sobremaneira, o conhecimento sobre Recursos, envolvendo a teoria geral e os recursos em espécie; Execução Fiscal, Intervenção de Terceiros e Sentença e Coisa Julgada. No Direito Civil, prevalece a cobrança dos assuntos referentes a Obrigações e Propriedade.

Pertinente ao Direito Empresarial, é bastante cobrado o conhecimento dos aspectos que envolvem a Lei de Falência e Recuperação Judicial e Extrajudicial, Teoria da Empresa e Sociedades, envolvendo não só os aspectos gerais como os pontos específicos das Sociedades Limitadas e Anônimas. Por fim, no Direito Internacional Público, é recorrente a exigência do conhecimento sobre o procedimento de internalização dos Tratados Internacionais no Ordenamento Jurídico Brasileiro.

DIREITO CIVIL							
ASSUNTO	1998 (12)	2003 (8)	2004 (6)	2007 (10)	2012 (5)	2015 (5)	TOTAL (46)	%
LINDB	1			1	1		3	6,5%
Prescrição e Decadência	1					1	2	4,3%
Posse	1	1					2	4,3%
Propriedade	1	2		2			5	10,9%
Obrigações	3		1	2	1	1	8	17,4%
Contratos em Geral	1	1		1			3	6,5%
Contrato de Compra e Venda	1				1		2	4,3%
Contrato Doação	1						1	2,2%
Contrato de Empreitada	1						1	2,2%
Contrato de Seguro	1	1					2	4,3%
Defeitos do Negócio Jurídico		1	1		1	1	4	8,7%
Direitos Reais		1	1	1	1		4	8,7%
Contrato de Depósito		1		1			2	4,3%

DIREITO CIVIL								
Bens			1				1	2,2%
Responsabilidade Civil			1	1			2	4,3%
Atos Unilaterais			1				1	2,2%
Títulos de Crédito				1			1	2,2%
Das Pessoas						1	1	2,2%
Negócio Jurídico em Geral						1	1	2,2%

DIREITO PROCESSUAL CIVIL

ASSUNTO	1998 (12)	2003 (10)	2004 (10)	2007 (12)	2012 (20)	2015 (20)	TOTAL (84)	%
Intervenção de Terceiros	1	2	1	1			5	5,9%
Provas	1				1		2	2,4%
Procedimentos	2		1	1			4	4,8%
Sentença e Coisa julgada	1	1	2		1		5	5,9%
Recursos: Teoria Geral e Espécies	1	2	2	2	3	1	11	13,1%
Ação Rescisória	1		1		1	1	4	4,8%
Ação Civil Pública	1						1	1,2%
Execuções	1		1	1	1		4	4,8%
Ação de Reintegração de Posse	1						1	1,2%
Tutela Antecipada	1	1			1	1	4	4,8%
Condições da Ação		1	1				2	2,4%
Competência		1			1		2	2,4%

DIREITO PROCESSUAL CIVIL							
Resposta do Réu	1	1		3			5	
Embargos à Execução		1					1	1,2%
Atos Processuais			1			1	2	2,4%
Impugnação ao Valor da Causa				1			1	1,2%
Reclamação				1			1	1,2%
Ação Popular				1			1	1,2%
Jurisdição					1		1	1,2%
Ação					2		2	2,4%
Princípios					1	1	2	2,4%
Ação de Alimentos				1			1	1,2%
Honorários					1	1	2	2,4%
Cumprimento de Sentença					1	1	2	2,4%
Execução Fiscal					2	5	7	8,3%
Mandado de Segurança					1	2	3	3,6%

DIREITO PROCESSUAL CIVIL							
Medida Cautelar Fiscal					1		1	1,2%
Juizados Especiais Federais					1	1	2	2,4%
Cessão de Crédito						1	1	1,2%
Prerrogativas da Fazenda Pública						2	2	2,4%
Ação de Usucapião						1	1	1,2%

DIREITO EMPRESARIAL								
ASSUNTO	1998 (12)	2003 (7)	2004 (6)	2007 (5)	2012 (5)	2015 (5)	TOTAL (40)	%
Estabelecimento	1		1			1	3	7,5%
Título de Crédito	3	1				1	5	12,5%
Teoria da Empresa	1	1	1	1	2		6	15%
Sociedades	1		1	2	2		6	15%
Desconsideração da Personalidade Jurídica	1						1	2,5%
Valores Mobiliários	2	1					3	7,5%
Falência e Recuperação	1	1		1	1	2	6	15%
Liquidação Extrajudicial	1	1					2	5%
Instituições Financeiras		1	1			1	3	7,5%
Contratos			1	1			2	5%
Responsabilidade de Sócios e Administradores	1	1	1				3	7,5%

DIREITO INTERNACIONAL PÚBLICO

ASSUNTO	1998 (0)	2003 (4)	2004 (6)	2007 (5)	2012 (2)	2015 (2)	TOTAL (19)	%
Internalização dos Tratados Internacionais		1	1	1	1		4	21%
Jurisdição Internacional		1		1		1	3	15.8%
Direito de Integração		1	1				2	10.5%
Imunidade de Jurisdição		1					1	5.2%
Obrigações e Compromissos internacionais			1		1		2	10.5%
Cooperação Internacional em Matéria Tributária			2	1			3	15.8%
Direito de Guerra e Neutralidade			1				1	5.2%
Sanções				1			1	5.2%
Nacionalidade e Naturalização				1			1	5.2%
Direito do MERCOSUL						1	1	5.2%

Como cediço, as matérias integrantes do Grupo III são pouco numerosas, o que possibilita ao examinador uma maior variedade na cobrança dos pontos do edital, não havendo tanta repetição de assuntos. No que tange ao Direito do Trabalho, observou-se uma maior incidência de questões referentes à relação de Trabalho e Emprego. Já no Direito Processual de Trabalho, o maior percentual de cobrança incidiu sobre os Recursos Trabalhistas.

No que se refere ao Direito Penal, exigiu-se um maior conhecimento sobre o ponto referente a Crimes, que engloba desde o conceito, à relação de causalidade e espécies de crime. Pertinente ao Direito Processual Penal, por sua vez, destaca-se a exigência dos aspectos em torno da ação penal e dos procedimentos do processo penal. Por fim, com o maior número de questões, o Direito da Seguridade Social tem por maior incidência os aspectos constitucionais que envolvem a Seguridade Social, desde os seus princípios à sua organização e conceito.

DIREITO DO TRABALHO E PROCESSUAL DO TRABALHO							
ASSUNTO	1998 (0)	2003 (3)	2004 (3)	2007 (5)	2012 (2)	2015 (2)	TOTAL (15)	%
Relação de Trabalho e Emprego		1		1			2	13,3%
Remuneração		1					1	6,6%
Ação Rescisória		1					1	6,6%
Contrato Individual de Trabalho			1				1	6,6%
Responsabilidade Solidária			1				1	6,6%
FGTS			1				1	6,6%
Extinção do Contrato de Trabalho				1			1	6,6%
Duração do Trabalho				1			1	6,6%
Princípios do Processo do Trabalho				1			1	6,6%
Recursos Trabalhistas				1		1	2	13,3%
Diversos					2		2	13,3%
Princípios do Direito do Trabalho						1	1	6,6%

O começo dos estudos 73

DIREITO PENAL E PROCESSUAL PENAL								
ASSUNTO	1998 (12)	2003 (4)	2004 (6)	2007 (5)	2012 (2)	2015 (2)	TOTAL (31)	%
Crime	5			2			7	22,6%
Ação Penal e Procedimentos	2	1	2				5	16,1%
Crimes contra Honra	1	1					2	6,4%
Crimes contra Economia Popular	1						1	3,2%
Crime de Desobediência	1						1	3,2%
Crime em Licitação	1						1	3,2%
Crime de Apropriação Indébita	1						1	3,2%
Crime de Abuso de Autoridade		1					1	3,2%
Crimes de Preconceito		1					1	3,2%
Exclusão de Ilicitude			2				2	6,4%
Efeitos da Condenação			1				1	3,2%

DIREITO PENAL E PROCESSUAL PENAL							
Direitos do Acusado	1					1	3,2%
Lei Penal no Tempo e no Espaço		2				2	6,4%
Crimes contra a Fé Pública		1				1	3,2%
Crime de Lavagem de Dinheiro			1	1		2	6,4%
Improbidade Administrativa			1			1	3,2%
Crime contra a Ordem Tributária				1		1	3,2%

DIREITO DA SEGURIDADE SOCIAL							
ASSUNTO	1998 (0)	2003 (4)	2004 (3)	2007 (5)	2012 (4)	2015 (4)	TOTAL (20)	%
Seguridade Social		1	1	1	1		4	20%
Regime Geral: Diversos		1					1	5%
Previdência Privada		1		1			2	10%
Contribuições para a Seguridade Social		1			2		3	15%
Segurados			1				1	5%
Benefícios e Serviços: Diversos			1	2			3	15%
Ações Previdenciárias				1			1	5%
Decadência e Prescrição das Contribuições Sociais					1		1	5%
Diversos						2	2	10%
Salário de Contribuição						1	1	5%
Obrigações da Empresa e Demais Contribuições						1	1	5%

Destarte, através da análise supra, conseguimos filtrar os assuntos de maior incidência, na fase objetiva, nos concursos para Procurador da Fazenda Nacional realizados desde 1998. Frise-se, no entanto, que, apesar de ser importante o conhecimento das matérias, tradicionalmente, mais cobradas no concurso, não se pode deixar de dispender atenção aos demais pontos do edital, pois se trata de mera estatística, não se podendo concluir que a prova do próximo certamente refletirá estes mesmo índice de cobrança. Uma boa preparação exige, também, cautela. Assim, dê especial atenção aos tópicos mais cobrados, sem deixar de estudar e aprofundar os demais assuntos.

2

A TEMIDA FASE DO "FIQUEI POR UMA QUESTÃO" E A POSSÍVEL VONTADE DE DESISTIR

No estudo para concursos públicos, não é apenas o cansaço físico e a intensa dedicação ao estudo que exigem do candidato. Mais que isso, a preparação sempre interfere nas esferas mental e psicológica, necessitando-se de verdadeira serenidade, motivação e persistência para que se possa continuar trilhando o longo e difícil caminho que leva à aprovação. Isto porque é bastante difícil a adaptação a esta nova fase da vida. Embora não seja algo exatamente novo para o candidato, já acostumado a esses desafios desde o início de sua educação, é uma situação diferente a ser vivenciada, sobretudo pela intensidade e profundidade deste tipo de estudo.

Ademais, é comum observar que, gradativamente, com o aumento das horas estudadas e dos concursos prestados, há uma necessária diminuição das horas de lazer, do contato com os amigos e da vida social. Como dito, pela própria intensidade da preparação, o estudo para concursos públicos exige uma verdadeira dedicação e abdicação ou redução de outras atividades então praticadas, certamente mais prazerosas do que se sentar em uma mesa durante meses e se dedicar, exclusivamente, à leitura de livros, à resolução de questões e às aulas assistidas.

O "problema", no entanto, vai bem mais além que isto. Submetido a um verdadeiro clima de competição e concorrência, o sentimento advindo dos resultados dos concursos, se, por um lado, leva ao sentimento de glória e de conquista com uma aprovação, pode, por si só, ocasionar verdadeira diminuição da autoestima do candidato e desestímulo à continuação do estudo, tudo a depender da interpretação que se empreende neste resultado.

Como dito anteriormente, ao longo da minha trajetória até o cargo de Procurador da Fazenda Nacional, submeti-me a diversos certames, tendo, em vários, sido aprovado. E, mesmo nessas situações, em que, certamente, o que deveria prevalecer era felicidade e a sensação de dever cumprido por ter superado todas as difíceis fases de um concurso e logrado a tão sonhada aprovação, ainda, assim, deparei-me, muitas vezes, com o sentimento da derrota.

No concurso para o Tribunal Regional do Trabalho da Sexta Região, por exemplo, apesar de ter sido aprovado e com um bom resultado, especialmente se considerarmos que a minha preparação se voltava, de forma específica e quase exclusiva, para outro concurso, observei diversos colegas de turma, que se dedicaram de forma focada a este concurso, serem aprovados dentro das sessenta vagas que existiam na abertura do edital, sendo suas aprovações seguidas, de perto, pelas suas prontas nomeações. Na ocasião, a distância entre a minha colocação até a última das sessenta vagas resultava em uma diferença módica de meio ponto na nota da redação, mas, apesar de pouca, foi suficiente para me deixar relativamente distante das vagas, ocupando a posição de número 123°.

Certamente, considerando todo o contexto de desgaste que se passa ao longo dos estudos e a incerteza de uma futura aprovação no concurso para o qual se almeja, nestes momentos, muito se passa na cabeça do candidato, como a insegurança por ter escolhido a estratégia de estudar para um concurso específico de uma carreira mais difícil, e que, assim, exige maior dedicação, e não para os concursos de carreiras meios, teoricamente, mais fáceis.

É por situações como estas que passei, que convivi com muitos colegas que se preparavam para carreiras jurídicas e que optaram por não se submeterem aos demais concursos que ocorreram no período entre o início dos estudos e a efetiva prova do concurso pretendido, para não se depararem com todo esse sentimento ruim. Outros, por sua vez, se submeteram aos mesmos concursos meios a que prestei e não tiverem bons resultados. No entanto, no final, acabaram sendo aprovados nos concursos para Advogado da União e Procurador da Fazenda Nacional. Ou seja, conseguiram a aprovação em um concurso difícil, mas nunca lograram êxito nos concursos considerados mais fáceis.

Ao se deparar com situações como estas, deve-se agir com parcimônia e tentar filtrar a melhor forma de se avaliar um resultado. De fato, por um ou dois dias, após o resultado do Tribunal Regional do Trabalho da Sexta Região, fiquei triste e decepcionado. Porém, após uma verdadeira reflexão, pude perceber o quão bom foi o resultado. Ora, no contexto da minha preparação, eu não poderia exigir tanto assim de mim. Estava estudando para um concurso público que exige o conhecimento horizontal e vertical de quatorze matérias, enquanto os colegas que se prepararam para este concurso trabalhista estudavam um número bem mais reduzido de assuntos e de nível de dificuldade mais baixo. Ademais, minha preparação envolvia o estudo para um nível de prova bem mais exigente e sem tanta incidência dos

Direitos do Trabalho e Processual do Trabalho, de forma que o sucesso neste concurso foi, certamente, uma conquista.

Ademais, hoje, vejo que, acaso tivesse sido logo nomeado para o TRT, talvez todos os meus planos de estudo para o concurso de Procurador da Fazenda Nacional, que almejava, deveriam ser reformulados, diante do tempo que o trabalho dispenderia. O candidato não pode realizar uma conclusão precipitada ou momentânea do resultado. De fato, o resultado, na forma como ocorreu, foi excelente. No final de tudo, fui nomeado tanto para Técnico como para Analista do Tribunal Regional do Trabalho, mas isto ocorreu quando já exercia o cargo de Procurador da Fazenda Nacional.

Em situação parecida, no concurso para Técnico do Seguro Social, do Instituto Nacional do Seguro Social, fui aprovado em 5º lugar para a região a qual me submeti, quando existia apenas uma vaga no edital do concurso. Novamente, por alguns dias, passa-se por todo aquele sentimento de tristeza e derrota, sobretudo por sentir que você chegou tão perto da sonhada aprovação, com efetiva possibilidade de nomeação, mas acabou ficando pelo caminho, mais uma vez, por muito pouco, pois, embora o resultado tenha sido bom, não o foi, ainda, suficiente.

No entanto, como dito, não se deve realizar uma análise rasa e precitada, devendo-se, sempre, mirar o lado bom e o futuro, destacando-se, inclusive, que, em matéria de concursos públicos, o improvável pode acontecer. Apesar de existir apenas uma vaga, o candidato aprovado em primeiro lugar, que tomou posse no cargo, pediu exoneração meses depois, em virtude da aprovação em outro concurso público. Os demais candidatos, por sua vez, pelo mesmo motivo, optaram por não tomar posse após a nomeação, de forma que, mesmo diante da baixíssima probabilidade, fui nomeado para o cargo de Técnico do Seguro Social, o qual exerci por alguns meses antes do ingresso na Procuradoria da Fazenda Nacional.

A temida fase do "fiquei por uma questão" e a possível vontade de desistir   81

Destarte, ao se submeter a diversos concursos ao longo de sua preparação, deve-se ter em mente que todos os resultados são possíveis, cabendo ao candidato a sabedoria de filtrar as conclusões sobre a sua preparação. Em regra, quando se analisa a média dos aprovados, todos passaram por longo período de estudo e, neste tempo, reprovaram em diversos concursos até conseguirem a experiência e a bagagem de conhecimento necessária a estar apto e concorrendo, de fato, a uma aprovação.

Alcançar a sonhada vaga em um cargo público demanda tempo, persistência e tranquilidade, não podendo o candidato desistir quando dos primeiros tropeços. Tenha a consciência de que é extremamente provável que os obstáculos e tropeços acontecerão e são eles que irão te fortalecer e te lapidar para os próximos desafios. Para atingir seu objetivo, muitos outros desafios ainda devem ser superados.

É claro que, sempre que se estamos estudando e nos submetemos a uma prova, objetivamos acertar o máximo de questões e lograr a tão sonhada aprovação. Se queremos atingir o nosso potencial, é certo que isto exige uma dose de autocobrança e perfeccionismo. No entanto, não se pode encarar um resultado de concurso público, sobretudo se não é o concurso para qual o candidato voltou a sua preparação, apenas pelo viés do "fui aprovado ou não dentro das vagas". No contexto da preparação, existem várias informações a serem extraídas de cada certame, e é por isso que indico que o candidato se submeta a tantos quantos forem os concursos possíveis.

De um resultado negativo, pode-se analisar as disciplinas em que você pontuou mais; os assuntos que precisa melhorar; se o tempo foi corretamente controlado; se precisa superar o nervosismo; se vêm melhorando, gradativamente, os resultados nos concursos; que parte da sua preparação tem que ser alterada; se está tendo o mesmo rendimento em todas as fases etc. Deve-se utilizar este momento como um verdadeiro treinamento, que vai referendar o bom desempenho e identificar os erros mais graves a serem corrigidos.

Ademais, não se pode analisar a questão do resultado apenas sobre à sua visão. Não se trata, por exemplo, do Exame da Ordem de Advogados do Brasil, no qual cabe apenas ao candidato a sua aprovação, uma vez que não há limite de vagas. Nos concursos públicos, existem outros candidatos, cada um com sua história e muitos, talvez, com maior bagagem e tempo de estudo do que você. Em seu tempo, para cada um, a aprovação chegará. E aos que se deparam com resultados negativos ou, embora positivos, não o suficiente para conseguir a sua pronta nomeação, indico uma reflexão, analisando todos os elementos acima mencionados.

E se os resultados nesses concursos meios, prestados durante a sua preparação para o concurso que, realmente, se almeja, acabam por, às vezes, levar à frustração, a despeito de tudo que acima foi dito, o que falar quando não se atinge a aprovação no concurso para o qual realmente se estudou? Dentre todos os concursos aos quais me submeti, o pior sentimento foi quanto ao resultado do concurso para o cargo de Advogado da União, como dito, o concurso para qual foquei, desde o início dos estudos, toda a minha preparação.

Realizar um grande planejamento, estudar todos os dias com organização e disciplina, abdicar de uma enorme parcela de vida social e do lazer, focar o seu estudo para um único concurso, diminuindo, talvez, suas chances de aprovação em outros concursos menores que apareceram ao longo da preparação (muitas vezes, concursos de menor exigência e na qual a aprovação, provavelmente, seria mais fácil) etc., e, ao fim, não conseguir atingir o seu objetivo por meras três assertivas de certo ou errado é realmente algo bastante difícil de digerir e de se recuperar.

Certamente, aqui, pude vivenciar o dessabor da frustração e da derrota. A primeira coisa que passa por sua cabeça é a desmotivação de ter que estudar todas as matérias novamente, aguardando o próximo concurso. Bate, ainda, o sentimento de tristeza, por observar que vários colegas, que estudaram com você para este concurso, conseguiram a aprovação nesta etapa. Neste momento, de fato, não conseguimos distinguir as particularidades de cada candidato, o merecimento dos demais aprovados, as horas de estudo ou o conhecimento diferenciado que possuem, mas, apenas, pensa-se na reprovação.

Como dito, é nas derrotas que conseguimos enxergar que o estudo para concursos públicos demanda grande coragem, tranquilidade mental e capacidade de superação. Reprovações como estas, que ocorrem após longo período de estudo focado para uma prova específica ou, ainda, diversas reprovações em concursos distintos em um determinado período de tempo, fazem com que muitos candidatos optem pelo caminho mais fácil, o da desistência, voltando-se à realização de outro tipo de atividade profissional que não a tentativa de exercer um cargo público efetivo.

Nestes momentos, cabe ao candidato buscar toda a força de vontade que possui, e, apoiando-se em amigos e familiares, levantar a cabeça e recomeçar. Com certeza, com esforço e determinação, após superar todos esses momentos de dificuldade, chegará o dia da aprovação, ocasião em que, certamente, poderá olhar para trás e enxergar todo o longo e duro caminho que foi percorrido, com muita dedicação e abdicação, para chegar até ali.

Não se pode esquecer, também, que somos humanos e, muitas vezes, a melhor forma de superar uma decepção é dar tempo ao tempo. Assim, se preciso for, em situações como esta, por experiência própria, indico que o candidato pare por alguns poucos dias para descansar, descontrair e reabastecer as energias, buscando outras formas de motivação para retomar seus estudos. Certamente, sem esse tempo, a probabilidade de estudar e não obter um grande rendimento é maior, podendo gerar total desestímulo e desânimo no prosseguimento dos estudos. Passada essa fase, o ideal é recomeçar a sua preparação, estabelecendo novas metas, desta vez, já dotado de grande conhecimento acumulado.

Neste contexto, após ingressar com os recursos em face dos gabaritos preliminares divulgados pela banca, no certame de Advogado da União, optei por tirar duas semanas de férias. De fato, férias. Neste período, sequer cheguei perto de um livro ou qualquer outro material de estudo. Aos poucos, fui superando o desânimo e, novamente, traçando planos e metas de estudo, reerguendo-me para os próximos desafios que estariam por vir.

Refleti que, talvez, seria muita pretensão querer a aprovação, de forma tão rápida, em um concurso tão difícil e concorrido, com uma bagagem de menos de um ano de estudos. Certamente, dentre os aprovados, muitos já haviam sofrido com outras reprovações, estudado por vários anos, obtido a experiência necessária, de forma que tinham, de fato, o merecimento para ali estar. Desta reprovação, percebi que, na prova do concurso de Advogado da União, além do nervosismo, a minha grande falha foi a diminuição no estudo da jurisprudência, por todo o contexto da intensidade e rapidez para conclusão do programa, em virtude da proximidade da publicação do edital. Apesar da derrota, havia identificado os pontos que precisaria melhorar para que pudesse lograr êxito nos meus próximos desafios.

Na terceira semana após a prova de Advogado da União, haveria a primeira fase do concurso para Procurador da Fazenda Nacional. Após o mencionado período de descanso, matriculei-me em um rápido curso de revisão *on-line* para este último concurso, algo em torno de duas horas de aula por matéria, e, mesmo sem estudar ou ler qualquer livro ou material, assisti, às aulas, sem qualquer pretensão ou esperança na aprovação. Ora, se não havia conseguido ser aprovado no concurso para o qual passei um longo período me preparando, como conseguiria, em menos de três semanas, conseguir êxito neste certame de características tão diferentes?

Considerando o resultado do concurso da AGU, a diferença existente entre o programa deste edital e o da Procuradoria Geral da Fazenda Nacional, a grande incidência de assuntos específicos de Direito Tributário e a diferença de abordagem da própria prova (a prova da AGU era organizada pela CESPE, atual CEBRASPE, e consistia em assertivas de certo ou errado; a prova da PGFN, por sua vez, tinha sua organização realizada pela ESAF, sendo composta por alternativas no formato A, B, C, D, E), não possuía, como dito, qualquer esperança de lograr êxito neste concurso.

Neste contexto, dirigi-me ao local de prova de forma descontraída e sem absorver qualquer tipo de pressão. Apenas prometi, a mim mesmo, que iria dar o meu melhor, utilizando este concurso como mais uma experiência, dentre as tantas que deveria percorrer até chegar próximo da tão sonhada aprovação. Neste clima de tranquilidade, prestei o que julgo ser a prova objetiva mais difícil a qual já me submeti. Foi uma prova extremamente longa, cansativa e de nível técnico bastante exigente, especialmente no que tange às matérias de Direito Processual Civil e Direito Tributário, de forma que, após a prova, sentia que, novamente, ainda não havia chegado a minha vez na fila da aprovação.

Depois da divulgação do gabarito preliminar pela banca, de acordo com minha conferência com o gabarito que tinha anotado, acreditei ter sido reprovado em virtude do ponto de corte por, apenas, uma questão no Grupo II. Mesmo como dito, sem ter pretensões de ser aprovado, novamente, iniciou-se uma nova fase de tristeza e desânimo, de forma que, mais uma vez, passei por um período forçado de descanso e reorganização do planejamento.

Retomei meus estudos para Procuradorias, agora com o objetivo de prestar o concurso de Procurador do Município de João Pessoa-PB, que se aproximava, pois, apesar de toda a infelicidade da situação que havia vivenciado, tive a consciência de entender que esta é a normalidade do mundo dos concursos públicos, tendo o candidato, em regra, que conviver com vários resultados negativos. Cerca de 20.000,00 candidatos se submetem, em regra, às provas da AGU ou da PGFN, e menos de 5% são aprovados para a fase seguinte, sendo que menos de 3% são aprovados ao final do concurso. Se, realmente, queria ser Procurador, a única alternativa que existia era voltar aos estudos o quanto antes e me preparar para o próximo desafio, e assim por diante, até atingir meus objetivos.

Pouco tempo depois, com a publicação do gabarito definitivo e do resultado, tive a felicidade de saber da minha aprovação na primeira fase do concurso da PGFN. Não havia levado ponto de corte. Na verdade, tinha copiado errado o gabarito. Ademais, com os recursos, ganhei sete questões, conseguindo uma boa classificação e aprovação para a segunda fase. Lembro que a sensação da aprovação é, exatamente, oposta a todo sentimento que havia presenciado no concurso para Advogado da União. Depois de um misto de emoções, sem acreditar que, de fato, estaria aprovado à etapa subjetiva, no dia seguinte já estava traçando planos de estudos para a segunda fase do concurso.

Tinha a consciência, no entanto, principalmente em face da recente reprovação na AGU, de que, por se tratar de um concurso cujo foco divergia muito do certame para o qual vinha me preparando, teria um longo caminho pela frente para percorrer e muitos assuntos específicos para aprender, enquanto muitos candidatos apenas iriam revisá-los. No entanto, a partir deste dia, utilizei-me de toda a motivação possível e fiz do meu foco e do meu sonho ser Procurador da Fazenda Nacional.

No meu caso, tive a sorte e a felicidade de, em pouco tempo, reverter aquela situação de frustração e tristeza para uma nova oportunidade de recomeçar os estudos em busca de uma outra carreira pertencente à AGU e com função tão nobre quanto a de Advogado da União. No entanto, presenciei diversos colegas que não lograram a mesma sorte. Vi amigos que iniciaram os estudos junto comigo e foram reprovados nos dois certames, tendo que recomeçar sua rotina de estudos sem saber para qual concurso deveria estudar.

Muitos, corajosamente, recuperaram-se e, anos depois, foram aprovados em outras procuradorias, dentre elas a Procuradoria Geral Federal e a Procuradoria do Banco Central. Outros demoraram um pouco mais, mas acabaram sendo aprovados em outros certames. Por fim, ainda, há os que continuam na luta pela aprovação e, certamente, em breve, a hora deles chegará e verão que toda essa espera e o esforço empreendido valem a conquista.

Em síntese, candidato, caso você se depare com a situação da reprovação no concurso para o qual se preparou, tenha em mente que, diante de todas as adversidades e, caso necessário, após um período descanso, é essencial manter a calma e nunca deixar apagar a vontade da aprovação. Saiba que, antes de tudo, concurso público demanda tempo para a aprovação. Tudo o que se estudou para um concurso não é perdido com a reprovação, transforma-se, ao contrário, em conhecimento, gradativamente, acumulado, sem o qual não se logrará aprovação em outros certames.

É possível, ainda, a aprovação em concursos com foco diverso para o qual se preparou, tal qual a minha situação. Por outro lado, se não conseguiu lograr a aprovação, em pouco tempo, desistir ou se desestimular não o farão ser aprovado. Após um tempo de descanso, refaça seu planejamento, estabeleça novas metas, busque, se o caso, novos editais, e estude com organização e disciplina, almejando, a cada dia, a sua aprovação. Somente com foco, persistência e força de vontade se poderá seguir em frente em buscas dos constantes desafios que o mundo dos concursos nos cria e que só valoriza a conquista da futura aprovação.

3

APROVADO PARA
A SEGUNDA FASE

como dito, após um período de tristeza e desestímulo, por acreditar ter sido reprovado nos concursos para Advogado da União e Procurador da Fazenda Nacional, tive a felicidade de ver o meu nome na lista de aprovados na primeira fase deste último concurso, inaugurando-se, assim, uma nova etapa de estudos e preparação para fase a subjetiva.

No que tange às provas subjetivas em concursos públicos, geralmente são compostas por questões discursivas – em que o candidato tem entre 20 e 30 linhas, em média, para elaborar uma resposta escrita ao questionador – e questões mais complexas, que envolvem a elaboração de Pareceres, Peças Processuais, Dissertações, Sentenças etc., geralmente com um número maior de linhas.

O primeiro questionamento, quanto a esta fase, é saber a partir de quando deve o candidato iniciar a sua preparação para a prova subjetiva. Na verdade, no que tange ao conteúdo, ao tempo em que se estuda para a fase objetiva, já se está, basicamente, aprendendo os assuntos que poderiam ser abordados em eventuais discursivas. Os assuntos cobrados nas duas fases são, basicamente, os mesmos. O que é novidade é a diferente forma de abordagem.

Assim, não vejo prejuízos em conciliar o estudo para a fase objetiva com eventual preparação para os questionamentos discursivos. Neste contexto, desde o início da preparação, pode o candidato optar por, concomitantemente, ao estudo nos moldes já mencionados, escolher algumas questões discursivas de certames anteriores para responder, com certa frequência, durante todo o mês, ou, se o caso, matricular-se em cursos que criam tais questões e prestam uma correção personalizada e crítica, identificando os erros cometidos e apontando formas de melhoria na preparação.

Ressalta-se que, em regra, os concursos para Procuradorias possuem a fase subjetiva que, na maioria das vezes, ocorre em dia distinto da fase objetiva, havendo, verdadeiramente, um grande lapso de tempo para entre as duas fases, de forma que o candidato consegue estudar de forma focada e mais detalhada para as provas discursivas. No entanto, há concursos em que as duas fases ocorrem em dias seguidos ou até no mesmo dia, necessitando-se, assim, que o candidato não limite a sua preparação ao estudo para a prova objetiva, para não se surpreender com a forma de abordagem das questões discursivas.

Ao longo do meu estudo, até chegar à fase subjetiva do concurso da Procuradoria Geral da Fazenda Nacional, embora não tenha optado por realizar treinamentos para provas subjetivas, já havia prestado algumas, tais como a Procuradoria do Município de João Pessoa, cuja segunda fase ocorrerá no mesmo dia que a primeira, em períodos distintos. Então, foi na prática, prestando concursos, que aprimorei o meu conhecimento sobre o que significava uma prova subjetiva, qual a sua forma de abordagem, as dificuldades etc.,

Assim, a esta altura, já possuía um pouco de experiência com questões discursivas. Somando-se aos concursos que prestei, ao longo de todo o meu curso universitário, fui submetido a provas que exigiam a manifestação escrita para demonstração do conhecimento sobre o questionado, sem falar da experiência prática de estágio nas Procuradorias, o que possibilitou um aprimoramento da minha redação, o conhecimento expressões jurídicas e uma maior facilidade para a criação de argumentos. Toda essa experiência me auxiliou, por demais, a me expressar por escrito.

Tudo que havia vivido até o momento, no entanto, não se comparava à verdadeira maratona que teria que percorrer na fase subjetiva do concurso da Procuradoria Geral da Fazenda Nacional.

A segunda fase do concurso da PGFN é composta por três provas discursivas, todas de caráter seletivo, eliminatório e classificatório, valendo, no máximo, cem pontos cada. Para ser considerado aprovado nesta fase, deve o candidato obter, em cada uma das provas discursivas, o mínimo de cinquenta por cento dos pontos, bem como, sessenta por cento dos pontos na somatória da nota das três provas. No entanto, além de atingir a pontuação mínima necessária, no edital do último concurso para Procurador da Fazenda Nacional (2015), estabeleceu-se um limite de candidatos a serem submetidos à fase seguinte do concurso, correspondente a 336, para ampla concorrência, 24, para candidatos portadores de necessidades especiais, e 90, para candidatos que se declararam negros, respeitando-se, ainda, as notas empatadas na última colocação em cada modalidade.

Nos últimos concursos, a Prova Discursiva I foi aplicada no Sábado, no período da tarde, e as Provas Discursivas II e III, no Domingo, nos períodos da manhã e da tarde, respectivamente, com duração, cada uma, de cinco horas, o que significa dizer que o candidato, praticamente, passa por uma maratona de quinze horas realizando prova. Como se vê, trata-se de uma etapa que trabalha com diversos fatores além do conhecimento da matéria, dentre eles o cansaço físico e mental, o controle do psicológico e a agilidade na elaboração da resposta.

Por experiência própria, no concurso para Procurador da Fazenda Nacional, não há um candidato que não saia, ao menos, de alguma destas três provas, alegando estar com dor de cabeça, mãos doendo ou cansado. É uma fase, realmente, muito exigente, sendo extremamente recomendável a prévia simulação da prova para treinar a escrita e o cansaço, bem como o descanso no dia anterior, somado a uma boa noite de sono entre os dias de prova.

Para elaborar um planejamento para o estudo voltado à fase discursiva, o primeiro passo do candidato é conhecer quais matérias serão objeto de cobrança e o que lhe poderá ser exigido. Neste sentido, elenquei as características da prova subjetiva presente nos dois últimos concursos da Procuradoria Geral da Fazenda Nacional:

PROVA	DESCRIÇÃO	DISCIPLINAS
Discursiva I	– Elaboração de Parecer – 3 Questões Discursivas	Constitucional
		Tributário
		Financeiro e Econômico
		Administrativo
Discursiva II	– Elaboração de Peça Judicial – 3 Questões Discursivas	Constitucional
		Tributário
		Financeiro e Econômico
		Administrativo
		Internacional Público
		Empresarial
		Civil
		Processo Civil
Discursiva III	– Elaboração de Dissertação – 3 Questões Discursivas	Constitucional
		Tributário
		Financeiro e Econômico
		Administrativo
		Penal e Processo Penal
		Trabalho e Processo do Trabalho
		Seguridade Social

A elaboração do Parecer, da Peça Judicial e da Dissertação deve se limitar ao máximo a cento e cinquenta linhas, e valem, cada uma, o máximo de setenta pontos. As nove questões discursivas, por sua vez, devem obedecer ao limite de trinta linhas para resposta, sendo-lhes atribuída a pontuação máxima de dez pontos.

Interessante destacar que, além da consideração do conteúdo jurídico e da argumentação expressa pelo candidato na elaboração da questão, dentre os setenta pontos do Parecer, da Peça Judicial e da Dissertação, e os dez pontos de cada uma das questões discursivas, vinte pontos e três pontos, respectivamente, são atribuídos pela consideração do domínio do padrão culto da língua portuguesa e dos princípios de produção de textos objetivos, claros e coesos.

Assim, dos trezentos pontos que podem ser atingidos em toda a segunda fase do concurso, oitenta e sete são referentes a aspectos da língua portuguesa, o que corresponde a quase trinta por cento da nota, destacando-se, aqui, a importância do correto uso da linguagem e da atenção que deve ter o candidato quando da elaboração da resposta definitiva.

Ademais, considerando o critério de produção de textos objetivos, claros e coesos, é essencial que o candidato realize uma boa formatação do texto e exponha a seus argumentos através de um verdadeiro raciocínio, sequencialmente, construído e por meio de um texto de fácil leitura e com conexão entre os seus parágrafos. Ou seja, não basta apenas responder à questão, demonstrando a resposta correta. Tem-se que saber a melhor forma de se expressar, realizando esta demonstração.

Não é raro vermos candidatos que possuem um excelente desempenho na prova objetiva, muitas vezes, classificando-se, nesta fase, entre os primeiros lugares, mas passam por extrema dificuldade na fase subjetiva e jogam fora todas as chances reais de uma aprovação. Isto acontece pela diferente forma de expressão.

Na primeira fase do certame, o candidato não precisa saber se expressar. A forma de demonstrar o seu conhecimento ocorre pela simples análise dos enunciados, das assertivas e pela marcação, de forma objetiva, do gabarito. Na fase subjetiva, por sua vez, deve-se, verdadeiramente, demonstrar a sua capacidade de escrita, argumentação e coesão. Assim, como dito, embora o estudo do conhecimento jurídico para as duas fases não seja tão divergente, a abordagem do questionamento realizado o é.

Destaca-se que o ponto interessante do concurso para Procurador da Fazenda Nacional é que, diferentemente de outros concursos, como o de Procurador Federal, por exemplo, a fase subjetiva não é aplicada na mesma época que a objetiva, havendo, em média, considerando os certames anteriores, um período de três a quatro meses entre uma fase e outra, o que possibilita ao candidato um estudo totalmente focado para esta nova etapa e, se o caso, o treino e o aprendizado da melhor forma de se expressar por escrito.

Neste contexto, embora já possuísse um pouco de experiência com a escrita, considerando o grande lapso temporal até a próxima etapa, planejei os meus estudos de forma diferente. Em relação à leitura de livros, levando-se em conta que a atividade da Procuradoria Geral da Fazenda Nacional consiste, em sua maioria, na aplicação do Direito Tributário, matéria que possui extenso conteúdo no programa do edital, optei por, no primeiro mês, direcionar o meu estudo, de forma exclusiva, a esta matéria, revisando-a pelo livro que estudei para primeira fase e aprofundando-a por outros livros, artigos sobre temas específicos etc.

Nos meses seguintes, intercalei a revisão de Direito Tributário com a das demais matérias, relendo as partes grifadas dos livros já estudados para a primeira fase e elaborando, em separado, pequenas anotações, em tópicos, ou esquema das informações que reputava mais importantes de se memorizar para uma segunda fase, a exemplo das características dos atos administrativos, das teorias existentes sobre o conceito de ação, dos métodos de interpretação da hermenêutica constitucional etc., matérias que, se objeto de cobrança, demandariam, sim, para uma resposta completa, a memorização de cada conceito específico. Assim como na primeira fase, optei por trabalhar, inicialmente, com seis matérias, acrescentando outras, gradativamente, quando da conclusão da revisão das primeiras.

O estudo para segunda fase do concurso, embora semelhante, difere um pouco do da primeira fase também no que tange à legislação. Como o concurso para Procurador da Fazenda Nacional admite a consulta à legislação, dispensa-se o estudo de diversos assuntos em que o candidato tem que, verdadeiramente, memorizar artigos de lei para as provas. Assim, ao revisar toda a matéria pelos livros estudados, deve-se selecionar os assuntos que constam na legislação e identificar, no *Vade Mecum*, as referidas leis e os artigos mais importantes, com o objetivo de que, caso sejam objeto de cobrança no concurso, você possa, de maneira rápida, identificar os possíveis artigos que fundamentarão sua resposta.

Nos demais assuntos, deve-se focar nos conceitos dos institutos, teorias, escolas e eventuais divergências doutrinárias, que, costumeiramente, são objeto de cobrança. Por exemplo, em Direito Administrativo, não dediquei muito tempo às disposições que constam expressamente no Estatuto dos Servidores Públicos Federais ou na Lei de Licitações. Não é necessário saber de quanto tempo é a licença de casamento, em que tempo se deve ingressar em exercício ou qual o limite de valor de cada modalidade de licitação.

Quanto a este tipo de matéria, apenas faça uma rápida leitura e identifique cada artigo na legislação para, se for cobrado o assunto, saber localizá-lo. Por outro lado, sobre esses mesmos assuntos, deve-se procurar a existência de eventual discussão doutrinária ou jurisprudencial sobre a interpretação da legislação, a exemplo de qual o entendimento dos superiores tribunais sobre a remoção para acompanhamento de cônjuge, se existem exceções à previsão do limite de aumento qualitativo do objeto da licitação etc.

Além dos livros e da legislação, optei, também, por, simultaneamente ao estudo em casa, ingressar em cursos específicos voltados à preparação para a segunda fase, o que reputo de grande importância, pois os professores, pela experiência, já possuem um filtro das matérias que estão em alta, dos assuntos que possuem discussão doutrinária e jurisprudencial, das principais peças processuais que podem ser cobradas etc. Além disso, o curso ajuda a debater e estudar temas aprofundados das disciplinas que os livros para concurso, geralmente, não trazem.

Ademais, há cursos específicos voltados para a resolução de questões discursivas, pareceres, peças judiciais e dissertações, que acabam por, além de auxiliar o candidato no treinamento e na simulação do dia da prova, ajudar na revisão de temas importantes sobre os assuntos. A maioria dos cursos é composta por membros de carreiras jurídicas, professores ou candidatos aprovados, pessoas que, assim, possuem grande experiência na área e são capazes de auxiliar, apontar os erros cometidos e aconselhar os aspectos que devem ser aprimorados na realização das questões.

Como dito, a fase subjetiva do concurso para Procurador da Fazenda Nacional é intensa e extensa. A resolução, em quinze horas, de um parecer, uma peça judicial, uma dissertação e nove questões subjetivas demandam do candidato uma preparação física, mental e psicológica, além de um raciocínio rápido para a solução dos questionamentos, diante do curto tempo para elaboração da resposta. Assim, o treino é fundamental para se sentir preparado para qualquer adversidade e desafio nesta nova etapa.

Em primeiro lugar, o treino corresponde a uma verdadeira simulação, em que é possível identificar os erros e acertos, corrigindo-os e os aprimorando para quando da prestação da prova. Em segundo lugar, com o treino, podemos moldar o nosso corpo para que suporte toda a carga de cansaço físico e mental, treinar a caligrafia e a própria construção textual.

Além da mera demonstração da resposta, o candidato, ao elaborar seu texto, seja para uma questão discursiva ou para uma peça processual, deve tentar realizá-lo da forma mais organizada e limpa possível, no que tange ao seu aspecto visual, objetivando, sempre, causar uma boa impressão ao leitor. Neste contexto, é comum, diante da grande quantidade de informações e do curto tempo para elaboração das respostas, que existam rasuras no texto. Neste caso, recomendo que, ao invés de riscá-las de forma grosseira, apenas risque com um simples traço e continue o desenvolvimento da sua resposta.

Ademais, de forma conexa com o aspecto visual, o respeito às margens do texto e ao limite de linhas é de fundamental importância para lograr uma boa nota nesta fase. Destaco, inclusive, que, de acordo com o edital do concurso para Procurador da Fazenda Nacional de 2015, para fins de avaliação, é desconsiderado qualquer fragmento de texto que for escrito fora do local apropriado. No mesmo sentido, deve-se evitar a identificação, ou seja, apenas deve ser aposta a assinatura e o nome do candidato nos locais indicados na prova, sob pena de ser atribuída ao candidato a nota zero.

Frise-se, ainda, a importância de se criar um texto conexo, utilizando-se de expressões de linguagem que demonstrem que as argumentações seguem uma sequência lógica e contextualizada, que não se trata de simples ideias soltas em uma folha de papel. Além disso, deve-se buscar, sempre, ir além do questionado, trazendo informações complementares, bem como fundamentando sua resposta na legislação correlata e no entendimento jurisprudencial sobre o assunto, se existente. Em síntese, deve-se demonstrar ao examinador que se possui verdadeiro conhecimento da matéria. Para ser mais didático, veja-se o seguinte exemplo:

Aprovado para a segunda fase 99

ENUNCIADO

(Cespe/AGU/Advogado/2012) Maria ajuizou ação, sob o rito ordinário, contra a União, objetivando o fornecimento do medicamento X, de elevadíssimo custo e inexistente na lista de medicamentos fornecidos pelo Sistema Único de Saúde (SUS). O juiz federal competente deferiu liminar para determinar o fornecimento, pela União, do referido medicamento. Antes do ajuizamento da ação, foi disponibilizado a Maria, por intermédio do SUS, o medicamento Z, de igual qualidade, mas de custo inferior, como tratamento para a sua doença. Ela, contudo, recusou o fornecimento do medicamento sem apresentar justificativa. Com base nessa situação hipotética e na jurisprudência do STF acerca do tema, apresente argumentos de mérito para fundamentar recurso a ser interposto pela União. Em sua resposta, aborde os seguintes aspectos: direito à saúde e princípio da reserva do possível; e a intervenção do Poder Judiciário na efetivação dos direitos sociais.

OBJETIVO DA QUESTÃO

Criar argumentos favoráveis à União no caso concreto e explicar a polêmica existente entre o direito à saúde e o princípio da reserva do possível, bem como discorrer sobre intervenção do Poder Judiciário na efetivação dos direitos sociais.

RESPOSTA OBJETIVA E DIRETA

Todo indivíduo possui direito à saúde, consagrado pela Constituição Federal de 1988. No entanto, não se trata de direito absoluto, de forma que, por vezes, diante de limitações orçamentárias, não pode o Estado prestá-lo, sendo sua conduta guiada pelo Princípio da Reserva do Possível.

Muitas vezes, diante da omissão ou da negativa do Poder Executivo, o Poder Judiciário, quando provocado no exercício da jurisdição, decide de forma favorável ao administrado, possibilitando a verdadeira efetivação dos direitos sociais por ele reclamado.

Dentre os argumentos a serem utilizados no recurso, encontra-se a necessidade de aplicação do princípio da razoabilidade. No caso narrado, não houve qualquer omissão no direito à saúde, sendo disponível à Maria medicamento eficiente e adequado para seu tratamento. Assim, o pleito da autora por um medicamento bem mais custoso e de semelhante eficiência foge da razoabilidade, não se podendo onerar o Estado e toda a sociedade em favor de uma vontade pessoal injustificada, conforme já decidiu o Supremo Tribunal Federal.

capítulo 3

RESPOSTA CONTEXTUALIZADA, CONEXA E COM INFORMAÇÕES COMPLEMENTARES (MODELO IDEAL)

Com o advento da Constituição Federal de 1988, houve a constitucionalização de diversas matérias, até então deixadas à regulamentação legal. A Carta Magna de 1988 passou a tratar, diretamente, de questões de cunho social, econômico e político, contribuindo, assim, para a judicialização das relações sociais, ou seja, a possibilidade de diversas questões, outrora resolvidas por outras esferas, serem submetidas ao Poder Judiciário.

Neste contexto, com o intuito de promover a efetivação de políticas públicas, o Poder Judiciário passa, cada vez mais, a intervir nas atividades dos demais poderes, obrigando-os, muitas vezes, a adotar uma postura ativa, no intuito da efetivação dos direitos fundamentais.

Dentre os direitos fundamentais, encontram-se o direito à vida e à saúde, diretamente ligados ao princípio da dignidade humana, sendo dever do Estado a sua efetivação, ainda que seja para garantir o mínimo existencial, direitos básicos e indispensáveis à vida humana. Ocorre que, por vezes, o orçamento estatal é limitado, devendo-se escolher, dentre as diversas políticas públicas, aquelas que serão prioritariamente implementadas e os limites em que o serão. Com base no princípio da reserva do possível, deve-se analisar a não efetivação de determinada política pública, sopesando-se com a possibilidade material do Estado fazê-la.

Por vezes, leva-se ao judiciário o conflito entre a necessidade de efetivação do direito à vida e à saúde, com o fornecimento de medicamentos devidos ao tratamento de determinada doença, e a impossibilidade material do Estado de fornecê-lo, por limitação orçamentaria. Analisando referido conflito, o Supremo Tribunal Federal entende pela necessidade de aplicação dos princípios da ponderação e da razoabilidade, observando-se, em cada caso, as condições oferecidas aos indivíduos pelo Estado e a eventual limitação estatal para agir de forma diversa.

No caso proposto, em face da decisão judicial, poderia ser interposto o recurso de agravo de instrumento e apresentado, ao presidente do tribunal competente, pedido de suspensão, em face do risco do múltiplo efeito de decisões como esta causar lesões imensuráveis aos cofres públicos. Ademais, deve-se observar que o Estado não se omitiu na efetivação do direito à saúde, disponibilizando, por meio do SUS, medicamento de qualidade e efetividade similar ao pleiteado por Maria, que o recusou sem qualquer justificativa. Assim, fugiria ao princípio da razoabilidade a exigência de fornecimento de medicamento de maior valor e inexistente na lista do SUS, pelo Poder Público, prejudicando os cofres públicos e, por via de consequência, toda sociedade, em favor de uma vontade individual injustificável.

Observa-se, do exemplo acima exposto, a clara diferença entre uma resposta reputada como ideal e a resposta mais objetiva e direta. Esta não possui qualquer erro de conteúdo e atende ao questionado. No entanto, não corresponde a uma resposta contextualizada, conexa, fundamentada e com uma boa linha argumentativa, de forma que, certamente, pontuaria menos.

Vê-se que a resposta reputada como ideal teve início com a fundamentação na Constituição Federal. Todo o texto é construído de forma conexa (note-se as expressões "neste contexto", "dentre os direitos fundamentais", que dão a ideia que os parágrafos seguintes decorrem do assunto abordado nos parágrafos anteriores) e gradativa, ou seja, parte-se do geral, do direito a saúde abstrato na Constituição Federal, ao específico, o direito à saúde no caso concreto, com todas as especificidades da situação.

Por fim, observa-se que a resposta trouxe informações que foram além dos termos do questionamento. O enunciado apenas exigiu que o candidato apresentasse argumentos para o eventual recurso a ser interposto. A resposta, por sua vez, de forma completa, indicou qual o recurso seria cabível neste caso, bem como destacou a possibilidade de oferecimento de pedido de suspensão de segurança no respectivo Tribunal.

Conclui-se, assim, quais as características que devem constar de uma resposta completa e bem elaborada. No entanto, frise-se que esta resposta que reputo ideal deve ser elaborada quando, realmente, há linhas disponíveis para tanto. Em caso de serem poucos os números de linhas ou de serem muitos os questionamentos expressamente realizados, deve-se priorizar o atendimento às respostas do que a contextualização ou complementação, sob pena de se correr o risco de alcançar o limite de linhas sem que seja respondida a totalidade dos questionamentos.

Reitero a importância de ir além do questionado. Muitas vezes, a questão realiza algumas perguntas, mas os pontos que constam no espelho vão além do estritamente questionado. Para notarmos essa diferença, vejamos a primeira questão subjetiva da Prova Discursiva II, do concurso para Procurador da Fazenda Nacional de 2012:

ENUNCIADO – QUESTÃO 1 – PROVA DISCURSIVA II – CONCURSO PARA PROCURADOR DA FAZENDA NACIONAL DE 2012

No que tange à regularidade dos atos administrativos, é possível o reconhecimento de atos anuláveis, ou somente atos administrativos nulos? Fundamente sua resposta, abordando, necessariamente, as teorias existentes (se houver), bem assim a legislação federal eventualmente aplicável ao enfrentamento da matéria.

Ou seja, da leitura da questão, o examinador quer que sejam respondidas às seguintes perguntas: 1) É possível o reconhecimento de atos anuláveis ou somente nulos? 2) Quais as teorias existentes sobre o tema? e 3) O que diz a legislação federal?

Por sua vez, o espelho da questão divulgado pela banca Escola de Administração Fazendária – ESAF, pontuou além da mera resposta aos três questionamentos acima mencionados. Exigiu-se, por exemplo, a identificação do que seriam defeitos sanáveis, a conceituação da convalidação, bem como a apresentação, pelo candidato, de uma visão crítica, com argumentos na defesa de uma das correntes doutrinária existentes. Neste sentido, reproduzimos, de forma aproximada, o espelho:

ESPELHO	
Conteúdo Mínimo Esperado	**Pontuação**
Menção, ao menos, às correntes doutrinárias monista e dualista, e seus respectivos fundamentos.	Até 2 pontos
Considerações sobre os artigos 2º e 3º, da Lei nº 4.717/65, bem como dos artigos 54 e 55, da Lei nº 9.784/99.	Até 2 pontos
Considerando a possibilidade de convalidação dos atos, atualmente prevista de forma expressa na legislação pátria, apresentar uma visão crítica, com argumentos na defesa de uma das correntes doutrinárias existentes.	Até 1 ponto
O conceito de "defeitos sanáveis", para fins de identificação de atos eventualmente anuláveis (passíveis de convalidação), e não, simplesmente, nulos.	Até 2 pontos

Assim, os espelhos das provas subjetivas costumam atribuir alguma pontuação aos que trazem informações complementares além da resposta ao literalmente questionado, motivo pelo qual deve o candidato buscar, sempre, uma resposta mais completa e que abrange os diversos aspectos que giram em torno do tema abordado, respeitando-se, sempre, no entanto, o limite de linhas e o cuidado para não fugir do tema proposto.

Destaca-se, ainda, que um bom desenvolvimento e a elaboração de uma resposta completa, que trate dos mais diversos aspectos sobre o tema, é indispensável quando se está diante de uma questão aberta, na qual o examinador não realizou qualquer restrição ou direcionamento da resposta. Nestes casos, não sendo possível saber o que o examinador objetiva seja respondido, a única alternativa que resta é, de fato, realizar uma abordagem geral sobre os principais aspectos que envolvem o tema questionado. A exemplo, vejamos o enunciado da segunda questão, da Prova Discursiva II, do Concurso para Procurador da Fazenda Nacional de 2012, que bem retrata esse questionamento amplo:

> **ENUNCIADO – QUESTÃO 2 – PROVA DISCURSIVA II – CONCURSO PARA PROCURADOR DA FAZENDA NACIONAL DE 2012**
>
> Disserte, detalhadamente e fazendo referências às normas pertinentes, sobre a situação dos créditos tributários da União:
>
> a) perante a recuperação judicial; e
>
> b) extrajudicial de empresas.

Além do treinamento, outro ponto de fundamental importância na preparação para esta fase subjetiva é o estudo da jurisprudência. Inúmeras são as questões em que a reposta se encontra em algum caso concreto já decido pelos superiores tribunais. No meu caso, como havia diminuído o estudo desta em virtude da necessária adoção de uma preparação intensiva, este foi o momento em que reli todos os informativos dos últimos dois anos do Superior Tribunal de Justiça e do Supremo Tribunal Federal, bem como os enunciados de Súmula.

Destaco, ainda, que, como a Procuradoria Geral da Fazenda Nacional é, juridicamente, vinculada à Advocacia Geral da União, aplicam-se lhe as orientações e súmulas da AGU, o que, inclusive, foi objeto de cobrança no Parecer do concurso de 2012, no qual fui aprovado. Reputo, assim, ser fundamental o conhecimento desses normativos da AGU. No mesmo sentido, diante da probabilidade de serem cobrados temas de Direito Administrativo, o conhecimento dos principais entendimentos do Tribunal de Contas da União sobre licitações, contratos administrativos e servidores públicos também é de grande valia.

Como já dito, cada candidato possui o seu método de estudo da jurisprudência. Nesta fase, diante da enorme quantidade de informações que teria que absorver, optei por, durante todas as noites, ao final do estudo, ler uma quantidade específica de informativos. Com o intuito de concentrar as informações, lia um informativo de cada matéria por vez.

Assim, por exemplo, lia todos os informativos do Superior Tribunal de Justiça e do Supremo Tribunal Federal, nos últimos dois anos, sobre Direito Tributário. Apenas quando terminava esta leitura, passava para a próxima disciplina, e assim sucessivamente. Como já informado, realizei esta leitura por sites especializados que já destacavam os trechos mais importantes, o que acaba por otimizar, assim, o tempo gasto para o estudo desses julgados. Após cada leitura, eu filtrava os temas que reputava mais importante e os resumia, em pequenas frases, no computador, criando, assim, uma lista com várias frases sobre os assuntos, em tópicos.

Em face da importância do Parecer, da Peça Judicial e da Dissertação, que representam setenta por cento da nota de cada prova discursiva e, juntos, de toda a segunda etapa, além da revisão dos assuntos por livros, julgados e do efetivo treino, é extremamente importante conhecer as exigências e formalidades que devem conter em tais peças. Para tanto, ao longo da preparação, mesclando com a revisão dos livros de conteúdo, também optei pela leitura de um livro específico sobre pareceres, que, além explicar, reiteradamente, a formalidade necessária para sua elaboração, trazia diversos exemplos de pareceres elaborados com temas do Direito Público.

Ademais, quanto à Peça Judicial, é de grande valia grifar, em cada legislação processual, os artigos que dispõem sobre os requisitos que devem conter nas diversas modalidades de peças, com o fim de não se esquecer de algum elemento importante quando da elaboração, possibilitando uma rápida consulta, por precaução, da legislação de regência.

Nos últimos dez dias antes da prova, após toda a preparação acima mencionada, passei a revisar as anotações que elaborei com as jurisprudências e temas de livros que reputei importantes, a reler os materiais, as questões e as peças processuais dos cursos, a relembrar todas as formalidades que deveria conter em cada peça processual e a resolver as questões cobradas nas provas anteriores do concurso para Procurador da Fazenda Nacional. Ressalto, inclusive, que, na minha época, quase não existiam livros voltados à resolução de questões discursivas de concurso anteriores, o que dificultou um pouco a preparação. Hoje, há diversas opções, inclusive voltados exclusivamente à Advocacia Pública Federal[1], do qual tive o prazer de participar.

Talvez, mais difícil do que o dia da prova, seja a sua véspera. Além da insegurança, bate um sentimento de expectativa e ansiedade. Passa tudo pela sua cabeça. A dúvida se, realmente, você está preparado para este desafio, a curiosidade se a prova estará difícil, o medo da reprovação, não só por perder a chance de aprovação para o exercício de um grande cargo, mas de frustrar toda a expectativa que amigos e familiares colocaram sobre você etc. A pressão que se sente é tão grande que a vontade que se tem é de que chegue logo o dia para o qual, durante meses, você se preparou.

Todo esse conjunto de emoções é normal e faz parte do concurso. No entanto, como dito, há pela frente uma verdadeira maratona de quinze horas de prova e é essencial estar bem descansado. Não recomendo, nas vésperas da prova, ficar estudando ou revisando até tarde. É possível que haja exceções, mas, de acordo com todas as provas as quais me submeti, em regra, não é a memorização de véspera que te dará a aprovação, mas o conhecimento acumulado ao longo do concurso e, no caso desta fase subjetiva, a tranquilidade e o condicionamento físico e mental são de enorme importância para um bom rendimento.

Após algumas tentativas de relaxar para dormir, finalmente é chegado o grande dia. Destaco a importância de uma boa refeição antes da prova. Primeiramente, pela sua grande

---

1. Coleção PREPARANDO PARA CONCURSOS – Questões discursivas comentadas: Advocacia Pública Federal. Coordenação: Mila Gouveia. Salvador: Editora Jus Podivm. 2015.

duração, de cinco horas. Em segundo lugar, pela intensidade e verdadeiro desgaste físico e mental aos quais o candidato se submeterá. Por mais que, muitas vezes, o nervosismo e a ansiedade diminuam a vontade de comer, deixar de fazê-lo é um grande risco e pode interferir, sobremaneira, no seu rendimento. Neste ponto, da mesma forma, nas vésperas de provas, sempre evitei o consumo de alimentos pesados ou que pudessem gerar algum tipo de mal-estar. Tente, sempre, chegar no dia da prova de forma que ela seja a sua única preocupação.

No concurso da Procuradoria Geral da Fazenda Nacional, antes da realização das provas propriamente ditas, previamente, ocorre, já na sala de realização da prova, a fiscalização de todo o material de consulta de acordo com as disposições do edital do certame. Em regra, permite-se a consulta à legislação, a organização e separação da legislação por meio de post it e a realização de grifos. Por outro lado, veda-se a consulta à exposição de motivos, aos enunciados de súmula e a realização de remissões. Estas, no entanto, não são regras absolutas, devendo-se consultar o edital do concurso ao qual se submeterá e o edital de convocação, que podem dispor de forma diversa.

O primeiro dia de prova talvez seja o de maior desgaste mental. Em primeiro lugar, pois não se sabe, de forma exata, o que se encontrará pela frente. Tudo é novidade, desde o local que será prestada a prova, a fiscalização do material, o medo de ter se preparado de forma indevida, a expectativa sobre como está o nível da prova e os tipos de questionamentos, se o tempo será suficiente etc. Terminado o dia, passa-se por um misto de curiosidade sobre o acerto ou não das respostas, extremo cansaço físico e mental e a expectativa pelas provas do dia seguinte.

No meu caso, como se não bastassem todos os obstáculos e dificuldades vivenciados ao longo da preparação e o desgaste e cansaço que são normais nestes tipos de prova para todos os candidatos, naquele dia, à noite, fora realizada a cerimônia de casamento de minha irmã, na qual fui padrinho, e, por óbvio, não poderia (e nunca) deixaria de comparecer. Após a cerimônia, enquanto todos iam à festa, voltei para casa, pois sabia que, para atingir às minhas conquistas, realmente, haveria que fazer escolhas e até optar pelo sacrifício de não fazer parte deste momento tão importante para a família.

Se o primeiro dia é o mais desgastante mentalmente, o segundo dia, certamente, é o que exige maior tranquilidade, paciência e condicionamento, devido ao enorme desgaste físico de se submeter a dez horas de prova. Sim, desgasto físico, pois se exige muito do corpo, em especial das mãos, dada a grande quantidade de respostas que devem ser elaboradas em um curto espaço de tempo.

Após um breve período de sono e descanso entre um dia e outro, iniciou-se o segundo dia de prova com uma verdadeira inacabável jornada de dez horas, intercalada com o intervalo para almoço. Certamente, reitero, foi o dia mais desgastante, fisicamente, de prova que já prestei. Depois do término da prova, a única vontade que se tem é de descansar e de esquecer todo o resto, evitando-se quaisquer discussões sobre o que foi cobrado na prova.

Aqui, não me importava mais se havia acertado as respostas, se havia lembrado das formalidades ou respeito às normas padrões da língua portuguesa. A única coisa que tinha em mente é que estava feliz pelo simples fato de ter conseguido concluir esse grande desafio, estando com a consciência tranquila de que tinha feito tudo que estava ao meu alcance e dentro das minhas limitações, de forma que só me restava aguardar o resultado.

Todo esse sacrifício e cansaço, no entanto, foram, posteriormente, recompensados, após um longo período de espera, com a divulgação do resultado preliminar, no qual constava a minha condição de aprovado para a próxima etapa do certame. Mais uma vez, não só estava aprovado para a fase seguinte, como havia melhorado a minha classificação no concurso, o que só me motivou para continuar nesta caminhada rumo à aprovação, ciente de que novos desafios ainda estariam por vir, sobretudo a tão temida prova oral.

Com o intuito de esclarecer um pouco mais sobre esta longa e exigente fase subjetiva, e facilitar a sua preparação, sobretudo destacando quais os temas mais recorrentes de cobrança, realizei uma análise, pormenorizada, das provas discursivas dos concursos para Procurador da Fazenda Nacional de 2003, 2004, 2007, 2012 e 2015, separando cada questão por matérias e assuntos, conforme tabelas abaixo.

Explica-se, desde já, que, nos concursos de 2003 a 2007, a segunda etapa era composta, apenas, de duas provas, exigindo-se a elaboração de uma peça judicial, uma dissertação e seis questões subjetivas. A partir de 2012, no entanto, inaugurou-se o modelo de concurso na forma que se tem hoje, com três provas discursivas, englobando nove questões subjetivas, um parecer, uma peça judicial e uma dissertação.

CONCURSO PARA PROCURADOR DA FAZENDA NACIONAL DE 2003		
PROVA DISCURSIVA I		
TIPO	MATÉRIA	ASSUNTO
Dissertação	Direito Administrativo	Licitação e vícios
Questão Discursiva 01	Direito Constitucional	Ação Declaratória de Constitucionalidade
Questão Discursiva 02	Direito Financeiro	Princípio da não afetação.
Questão Discursiva 03	Direito Tributário	Sigilo Bancário e Fiscal

CONCURSO PARA PROCURADOR DA FAZENDA NACIONAL DE 2003		
PROVA DISCURSIVA II		
Peça Processual	Direito Tributário / Processo Civil	Contestação em Ação Anulatória: imunidade, prescrição, decadência e depósito integral.
Questão Discursiva 01	Direito Civil	Contratos e Teoria da Imprevisão.
Questão Discursiva 02	Direito Processual Civil	**Ônus da Prova**
Questão Discursiva 03	Direito Civil / Empresarial	Desconsideração da personalidade jurídica.

CONCURSO PARA PROCURADOR DA FAZENDA NACIONAL DE 2004		
PROVA DISCURSIVA I		
TIPO	MATÉRIA	ASSUNTO
Parecer	Direito Tributário	Estado Democrático de Direito, Atividade Financeira, Receitas Públicas, Tributo, Poder de Tributar, Direitos e Garantias Fundamentais, Limitações Constitucionais ao Poder de Tributar, Competência Tributária, Princípios Constitucionais Tributários, Imunidade e Não-Incidência.
Questão Discursiva 01	Direito Administrativo	Ato Administrativo, Vícios e Saneamento
Questão Discursiva 02	Direito Financeiro	Orçamento e Controle
Questão Discursiva 03	Direito Administrativo	Tribunal de Contas da União e Controle

Aprovado para a segunda fase 111

CONCURSO PARA PROCURADOR DA FAZENDA NACIONAL DE 2004		
PROVA DISCURSIVA II		
Peça Processual	Direito Tributário / Processo Civil	Contestação em Ação Declaratória: PIS e COFINS.
Questão Discursiva 01	Direito Empresarial	Responsabilidade de sócios e administradores por cessão de quotas
Questão Discursiva 02	Direito Civil	Descumprimento de obrigação de não fazer
Questão Discursiva 03	Direito Civil / Processual Civil	Embargos de Terceiro e Fraude contra Credores

CONCURSO PARA PROCURADOR DA FAZENDA NACIONAL DE 2007		
PROVA DISCURSIVA I		
TIPO	MATÉRIA	ASSUNTO
Parecer	Direito Constitucional / Financeiro	Federação brasileira, Competência, Administração Pública e Poder Legislativo.
Questão Discursiva 01	Direito Tributário	Responsabilidade por sucessão, Recurso administrativo e juros de mora contra a Fazenda Pública.
Questão Discursiva 02	Direito Financeiro	Limites de despesa com pessoal.
Questão Discursiva 03	Direito Administrativo	Licitação, contratos e teoria da imprevisão.

CONCURSO PARA PROCURADOR DA FAZENDA NACIONAL DE 2007		
PROVA DISCURSIVA II		
Peça Processual	Direito Tributário / Processual Civil	Contestação em Ação Declaratória cumulado com Repetição de Indébito: IOF, imunidade recíproca, sequestro de verbas públicas.
Questão Discursiva 01	Direito Civil / Tributário	Fraude contra credores / Fraude à execução Fiscal
Questão Discursiva 02	Direito da Seguridade Social / Tributário	Contribuições sociais e prazo decadencial.
Questão Discursiva 03	Direito do Trabalho e Processual do Trabalho	Acordo extrajudicial e homologação.

CONCURSO PARA PROCURADOR DA FAZENDA NACIONAL DE 2012		
PROVA DISCURSIVA I		
TIPO	MATÉRIA	ASSUNTO
Parecer	Direito Administrativo	Licitações e contratos.
Questão Discursiva 01	Direito Constitucional	Proposta de Emenda Constitucional
Questão Discursiva 02	Direito Financeiro	Orçamento e Desvinculação de Recurso da União
Questão Discursiva 03	Direito Tributário	Contribuição ao SEBRAE e constituição do crédito tributário

Aprovado para a segunda fase 113

PROVA DISCURSIVA II		
Peça Processual	Direito Tributário / Processual Civil	Apelação: IPI, bitributação, decadência e depósito judicial
Questão Discursiva 01	Direito Administrativo	Atos administrativos e nulidade
Questão Discursiva 02	Direito Tributário/ Empresarial	Créditos tributários e recuperação judicial e extrajudicial de empresas.
Questão Discursiva 03	Direito Civil	Fraude contra credores
PROVA DISCURSIVA III		
Dissertação	Direito da Seguridade Social / Tributário	Classificação de tributos e contribuintes, IOF, IPTU e PIS, imunidade das instituições de assistência social, seus requisitos e certificação
Questão Discursiva 01	Direito Tributário	IRPJ e coligadas e controladas
Questão Discursiva 02	Direito Constitucional	Princípio da isonomia e Inconstitucionalidade
Questão Discursiva 03	Direito Tributário e Processo Civil	Redirecionamento da execução fiscal, dissolução irregular e prescrição

CONCURSO PARA PROCURADOR DA FAZENDA NACIONAL DE 2015		
PROVA DISCURSIVA I		
TIPO	MATÉRIA	ASSUNTO
Parecer	Direito Tributário	Decadência, Prescrição, COFINS
Questão Discursiva 01	Direito Financeiro	Princípio do Equilíbrio Orçamentário

CONCURSO PARA PROCURADOR DA FAZENDA NACIONAL DE 2015		
PROVA DISCURSIVA I		
Questão Discursiva 02	Direito Financeiro	Orçamento, Legitimidade e Economicidade
Questão Discursiva 03	Direito Administrativo	Licitações e Contratos
PROVA DISCURSIVA II		
Peça Processual	Direito Tributário / Processual Civil	Agravo Regimental: liminar, garantia.
Questão Discursiva 01	Direito Internacional	Tratados Internacionais
Questão Discursiva 02	Direito Tributário/ Empresarial	Protesto de Certidão de Dívida Ativa
Questão Discursiva 03	Direito Civil	Bem de Família
PROVA DISCURSIVA III		
Dissertação	Direito da Seguridade Social / Tributário	Contribuições Previdenciárias, adicional das Instituições Financeiras e SAT
Questão Discursiva 01	Direito Penal e Processual Penal	Crimes contra a ordem tributária
Questão Discursiva 02	Direito do Trabalho	Terceirização e responsabilidade da administração
Questão Discursiva 03	Direito Tributário e Previdenciário	Isenção/Imunidade, entidades beneficentes de assistência social e legislação

A partir desta análise, podemos concluir quais são as matérias de maior incidência na fase subjetiva do concurso para Procurador da Fazenda Nacional. Para facilitar a compreensão, resumimos o resultado da seguinte forma:

PARECER, PEÇA JUDICIAL E DISSERTAÇÃO (70 PONTOS)	
MATÉRIA	PERCENTUAL DE COBRANÇA
Direito Tributário	45%
Direito Processual Civil	25%
Direito Administrativo	10%
Direito Constitucional	5%
Direito Financeiro	5%
Direito da Seguridade Social	10%
QUESTÕES SUBJETIVAS (10 PONTOS)	
MATÉRIA	PERCENTUAL DE COBRANÇA
Direito Tributário	22,7%
Direito Civil	16%
Direito Financeiro	13,6%
Direito Administrativo	11,3%
Direito Processual Civil	6,8%
Direito Constitucional	6,8%
Direito Empresarial	9,1%
Direito da Seguridade Social	4,5%
Direito do Trabalho e Processo do Trabalho	4,5%
Direito Penal e Processual Penal	2,2%
Direito Internacional	2,2%

Ou seja, no que tange ao Parecer, à Peça Judicial e à Dissertação, que, juntos, representam setenta por cento da nota total da prova, as matérias de maior incidência foram Direito Tributário, Direito Processual Civil e Direito Administrativo, frisando-se que Direito Processual Civil é de grande incidência, sobretudo, nas peças processuais, que exigem o conhecimento das formalidades e hipóteses de cabimento. Já em relação às questões subjetivas, há grande predominância da cobrança de Direito Tributário, Direito Civil, Direito Financeiro e Direito Administrativo.

Pelo exposto, quando do planejamento para a segunda fase do concurso para Procurador da Fazenda Nacional, deve o candidato dar especial atenção ao estudo das matérias acima mencionadas, sem deixar, é claro, de revisar as demais, que constam no edital e, assim, podem ser objeto de cobrança, inclusive, no que tange à elaboração da Peça Judicial, do Parecer ou da Dissertação.

Frise-se, por importante, que toda a análise acima realizada constitui mera estatística, não havendo a necessidade obrigatória de que os futuros certames sigam estes índices percentuais. Vê-se, por exemplo, que, a despeito de a matéria de Direito Penal nunca ter sido cobrada, na fase subjetiva até o concurso de 2012, o foi no concurso de 2015. Destarte, repise-se que, embora a análise das provas anteriores tenha a utilidade de guiar o estudo do candidato nas matérias mais recorrentes, não significa deixar de estudar as demais matérias.

4

APROVADO PARA A
FASE ORAL

Após longo período de espera e ansiedade, foi divulgado o resultado da segunda fase. Com uma média de 74 pontos, não só estava dentre os aprovados e convocados para a fase oral, como havia melhorado a minha classificação. Iniciava-se, assim, um novo desafio, e o primeiro passo era descobrir como me preparar para a prova oral. Como mencionado, o concurso ao qual me submeti (2012) foi o primeiro a exigir a realização de prova oral, de forma que tudo era novidade e não existiam informações concretas sobre como seria realizada a prova, a forma como se deveria estudar, o nível de dificuldade etc.

Apesar de serem poucas as informações, sabia-se que, de acordo com o edital de abertura do concurso para Procurador da Fazenda Nacional de 2012, assim como reproduzido no edital do concurso de 2015, a prova oral consistia em uma fase de caráter eliminatório e classificatório, com nota máxima de cem pontos, dos quais, para ser habilitado à fase seguinte, deve o candidato obter uma nota mínima de cinquenta por cento dos pontos totais referentes à prova oral.

Ou seja, diferentemente de outros concursos, o concurso para Procurador da Fazenda Nacional não estabelece um ponto de corte por matéria, mas, apenas, referente à nota total, construída pela média aritmética da nota de cada banca, possibilitando-se, portanto, que, caso o candidato não se saia bem em alguma matéria, possa se recuperar nas demais, de forma que atinja a média necessária à sua aprovação, o que diminui um pouco a pressão existente.

Novidade, também, para esta fase, é a exigência do uso de traje adequado pelos candidatos. Em diversos concursos para Magistratura ou Ministério Público, é comum, na realização de outras fases, exigir-se um traje mais formal. No concurso para Procurador da Fazenda Nacional, isto só acontece quando da prova oral. Assim, por previsão expressa do edital, todos os candidatos devem se apresentar para a prova, trajados adequadamente, sendo obrigatório, inclusive, aos candidatos do sexo masculino o uso de terno e gravata.

Com o intuito de que a atenção dos examinadores seja voltada, de forma exclusiva, ao que o candidato expressa e não ao que veste, aconselha-se, neste contexto, a escolha de cores mais tradicionais, como ternos pretos ou cinza escuros, e opção por uma gravata, no caso dos homens, mais neutra, como bordô ou azul, por exemplo. É claro que, nesta fase, de acordo com o edital, a vestimenta não se encontra nos critérios de avaliação da prova oral, no entanto, toda a imagem é importante e refletirá na forma de se expressar do candidato. Assim, por medida de cautela, não é demais estar bem apresentado e dentro dos padrões, afinal, trata-se de um curso formal e em importante ramo da área jurídica.

De início, mesmo sem saber como deveria estudar, tinha em mente que, independentemente da forma como fosse realizada a prova, tratando-se de uma prova oral, eu seria arguido e deveria me manifestar na frente dos examinadores e na presença de eventuais expectadores, tendo, portanto, que me expor em público, algo com o qual sempre tive um pouco de dificuldade. Assim, optei por ingressar em um curso de oratória para ultrapassar esta barreira.

No referido curso, o professor, com grande experiência na área, após me arguir sobre alguns assuntos e filmar a minha exposição, foi identificando e me mostrando alguns pontos que precisariam ser melhorados, como o olhar, a forma de gesticular, o som que emitia enquanto pensava entre uma expressão e outra etc. Ademais, contando com a ajuda de alguns colegas de turma deste curso de oratória, que, por coincidência, também se encontravam na fase oral de outros concursos de igual nível de exigência, criamos questionamentos jurídicos dos mais diversos níveis de dificuldade, de forma que pudemos simular a prova e testar como eu reagiria nas mais diversas situações, verificando, assim, os pontos positivos e tudo o que precisaria ser melhorado.

Mais do que o treino do conteúdo jurídico, o curso de oratória me ajudou a superar, ou melhor, me ensinou a conviver com o nervosismo e a dificuldade de me expressar em público, auxiliando-me, assim, a transpor mais esta barreira, o que foi de fundamental importância não só para a minha preparação para a fase oral, mas para as mais diversas atividades rotineiras da profissão e da vida, que exigem uma maior comunicabilidade.

Além do curso de oratória, inscrevi-me em um curso jurídico, presencial, com professores que auxiliaram não só na orientação de como deveria ser realizado o estudo para esta fase, na revisão do assunto, separando temas importantes a serem estudados e lecionando-os, como nas dicas de manifestação e articulação de ideias para a fase oral, realizando arguições e simulações com a finalidade de treinamento e, novamente, identificação de erros e pontos que precisariam ser explorados e melhorados até o dia da prova. Estes últimos pontos somaram ao treinamento desenvolvido no curso de oratória, dando-me maior confiança e segurança de que poderia conseguir um bom desempenho nesta temida fase que se aproximava.

De acordo com o edital de abertura do concurso para Procurador da Fazenda Nacional, além do domínio do conhecimento jurídico, na avaliação da prova oral, diversos são os pontos considerados para atribuição da nota, tais como o emprego adequado da linguagem, a articulação do raciocínio, a capacidade de argumentação e o uso correto do vernáculo. Portanto, indo além do mero conhecimento do conteúdo, já intensamente objeto de cobrança nas fases anteriores, a preparação para esta etapa também exige atividades diferenciadas.

Destarte, por todos os pontos que são objetos de avaliação, pode-se concluir que de nada adianta ao candidato possuir um bom conhecimento jurídico sobre o assunto a ser questionado, se não souber ter a tranquilidade necessária para controlar o nervosismo, realizar uma boa exposição do tema com articulação de ideias, construir uma boa argumentação, utilizar de forma correta do vernáculo e, em síntese, expressar-se de forma correta e segura, demonstrando à Banca que possui todas as qualidades para representar judicial e extrajudicialmente a Procuradoria Geral da Fazenda Nacional.

Assim, a fase oral do concurso para Procurador da Fazenda Nacional pode ser vista por duas faces. Por um lado, pode-se dizer que é a fase menos exigente do concurso, por diversos motivos: não há concorrência, de forma que o candidato apenas depende de si para aprovação (e, considerando o concurso 2012, todos os candidatos aprovados nesta etapa foram nomeados); o ponto de corte é de cinquenta por cento da nota total, não havendo nota mínima por banca; há uma considerável diminuição na quantidade de matérias e, basicamente, todo o conteúdo já foi estudado e revisado ao longo do concurso, de forma que, os que se encontram nesta fase, possuem o conteúdo jurídico necessário para exercer o cargo.

Por outro lado, é a etapa que exige do candidato a superação de uma verdadeira barreira, que é a de ser arguido em público. A fase objetiva apenas cobrava o conhecimento jurídico sobre as assertivas. A fase subjetiva, além do conhecimento jurídico, demandava a articulação de ideias e argumentação, havendo, no entanto, um bom tempo para criá-las, já que a exposição do candidato se limita a se expressar por escrito, algo com a qual já se tem familiaridade ao longo de todo o estudo no colégio ou na Universidade. A fase oral, no entanto, demanda um raciocínio rápido, a criação de respostas fundamentadas e bem articuladas em um curto espaço de tempo. Resume-se, portanto, a uma fase que demanda uma verdadeira administração do nervosismo, do psicológico e da pressão.

Nesta fase, há uma verdadeira presunção de que todos que nela se encontram já demonstraram, ao longo de todo o certame, possuir o conhecimento jurídico necessário ao exercício do cargo. Frise-se, inclusive, que, por ser o concurso de 2012 o primeiro a exigir esta fase, nos concursos anteriores, a esta altura, todos os candidatos já se encontravam aprovados e, assim, considerados aptos ao exercício da tão nobre atividade de Procurador da Fazenda Nacional.

Diante desta presunção, como dito, exige-se do candidato, além do conhecimento jurídico, diversos outros fatores. Neste contexto, muito se diz que o objetivo da banca não é, simplesmente, ratificar que o candidato possui conhecimento jurídico, mas, somando-se a isto, avaliar se ele possui verdadeira capacidade de lidar com a pressão, construir um rápido raciocínio e desenvolver uma oratória com boa argumentação etc. Afinal, cabe ao Procurador, em representação à Fazenda Nacional, muitas vezes, vivenciar tais situações, como na realização de audiências, sustentações orais, despacho com magistrados, reuniões etc.

No que tange, especificamente, ao conhecimento jurídico, ao contrário das fases anteriores, para a realização da prova oral, há uma redução no número de matérias a ser estudadas, dispensando-se, aqui, o estudo de Direito Internacional Público, Direito Penal, Direito Processual Penal, Direito do Trabalho, Direito Processual do Trabalho e Direito da Seguridade Social, o que traz uma maior facilidade na realização de toda a revisão do conteúdo, sobretudo quando, além deste, deve o candidato se preocupar com o treinamento de outros aspectos. Destarte, apenas é objeto de avaliação, nesta fase, o conhecimento de oito matérias:

DISCIPLINAS – PROVA ORAL	
Direito Constitucional	Direito Administrativo
Direito Tributário	Direito Empresarial
Direito Financeiro	Direito Civil
Direito Econômico	Direito Processual Civil

Ademais, nesta fase, considerando o ocorrido nos concursos para Procurador da Fazenda Nacional de 2012 e 2015, quando da divulgação do edital de convocação para a prova oral, o programa do edital de cada matéria é reformulado, sendo dividido em menos pontos. Por exemplo, o programa de Direito Civil que possuía, no concurso de 2012, quarenta e dois pontos, foi refeito, de forma que passou a constar com nove pontos. Da mesma forma, o programa de Direito Financeiro e Econômico, que possuía treze pontos, passou a ter seis. No entanto, isto não significa, necessariamente, a eliminação de assuntos, mas a consolidação de vários. Ou seja, vários pontos são fundidos para dar origem a um, e assim por diante.

A mudança tem por principal escopo simplificar o sorteio dos pontos que serão arguidos na prova oral, ao passo em que consolida diversos assuntos em um único ponto, dando margem para que diversos questionamentos possam ser realizados. Para facilitar a compreensão, transcrevemos o programa do edital de abertura do concurso e o programa do edital de convocação para a prova oral referente às matérias de Direito Civil e Direito Financeiro e Econômico, do concurso de 2012 para Procurador da Fazenda Nacional:

PROGRAMA DE DIREITO CIVIL – EDITAL DE ABERTURA DO CONCURSO PGFN 2012

1. Aplicação da lei N° tempo e no espaço. 2. Interpretação e integração da lei. 3. Lei de Introdução às normas do Direito Brasileiro (Decreto-Lei n° 4.657, de 04/09/1942). 4. Pessoas naturais e jurídicas: capacidade; começo da personalidade e da existência legal; extinção; domicílio. 5. Bens considerados em si mesmos; reciprocamente considerados; considerados em relação ao titular da propriedade. 6. Bens quanto à possibilidade de comercialização. 7. Bens de família legal e bem de família convencional. 8. Fato jurídico stricto sensu. 9. Ato jurídico em sentido estrito. 10. Negócio jurídico: elementos essenciais gerais e particulares; elementos acidentais; defeitos; forma e prova; nulidade e anulabilidade. 11. Ato ilícito. 12. Prescrição e decadência. 13. Posse: conceito, classificação, aquisição, perda; efeitos e proteção. 14. Aquisição e perda da propriedade móvel e imóvel. 15. Usucapião especial urbana e rural. 16. Modalidade de condomínio. 17. Direitos reais sobre coisa alheia: de fruição, de garantia e de aquisição. 18. Obrigações: modalidades; modos de extinção (pagamento direto e pagamento indireto); extinção da obrigação sem pagamento; execução forçada por intermédio do Poder Judiciário; consequências da inexecução da obrigação por fato imputável ao devedor (mora, perda e danos e cláusula penal); transmissão (cessão de crédito, cessão de débito e cessão do contrato). 19. Contratos em geral: requisitos de validade, princípios, formação, classificação; efeitos em relação a terceiros; efeitos particulares (direito de retenção, *exceptio nom adimpleti contractus*, vícios redibitórios, evicção e arras; extinção da relação contratual. 20. Defeitos do negócio jurídico: erro ou ignorância, dolo, coação, estado de perigo, lesão e fraude contra credores. 21. Compra e Venda. 22. Troca. 23. Doação. 24. Locação de coisa móvel e imóvel. 25. Prestação de Serviços. 26. Empreitada. 27. Empréstimo: mútuo e comodato. 28. Depósito. 29. Mandato. 30. Seguro. 31. Fiança. 32. Obrigação por declaração unilateral de vontade: promessa de recompensa, gestão de negócios, pagamento indevido e enriquecimento sem causa e títulos de crédito. 33.

Obrigações por ato ilícito. 34. Prescrição e decadência: causas de impedimento, suspensão e interrupção; prazos. 35. Responsabilidade civil: conceito, pressupostos, espécies e efeitos. 36. Responsabilidade civil do fornecedor pelos produtos fabricados e pelos serviços prestados. 37. Responsabilidade civil por dano causado ao meio ambiente e a bens diretos de valor artístico, estético, histórico e paisagístico. 38. Posse: classificação, aquisição, efeitos e perda. 39. Propriedade: classificação, aquisição, efeitos e perda. 40. Direitos reais. 41. Disposições finais e transitórias do Código Civil (Lei n° 10.406, de 10/01/2002) 42. Registros públicos.

PROGRAMA DE DIREITO CIVIL – EDITAL DE CONVOCAÇÃO PARA PROVA ORAL – CONCURSO PGFN 2012

Ponto I: Aplicação da lei no tempo e no espaço. Interpretação e integração da lei. Lei de Introdução às normas do Direito Brasileiro (Decreto-Lei nº 4.657, de 04/09/1942).

Ponto II: Pessoas naturais e jurídicas: capacidade; começo da personalidade e da existência legal; extinção; domicílio. Registros públicos.

Ponto III: Bens considerados em si mesmos; reciprocamente considerados; considerados em relação ao titular da propriedade. Bens quanto à possibilidade de comercialização. Bens de família legal e bem de família convencional. Registros públicos.

Ponto IV: Fato jurídico stricto sensu. Ato jurídico em sentido estrito. Negócio jurídico: elementos essenciais gerais e particulares; elementos acidentais; defeitos; forma e prova; nulidade e anulabilidade. Defeitos do negócio jurídico: erro ou ignorância, dolo, coação, estado de perigo, lesão e fraude contra credores. Registros públicos.

Ponto V: Prescrição e decadência: causas de impedimento, suspensão e interrupção; prazos. Disposições finais e transitórias do Código Civil (Lei nº 10.406, de 10/01/2002).

Ponto VI: Posse: conceito, classificação, aquisição, perda; efeitos e proteção. Aquisição e perda da propriedade móvel e imóvel. Usucapião especial urbana e rural. Modalidade de condomínio. Direitos reais sobre coisa alheia: de fruição, de garantia e de aquisição. Posse: classificação, aquisição, efeitos e perda. Propriedade: classificação, aquisição, efeitos e perda. Direitos reais. Registros públicos.

Ponto VII: Obrigações: modalidades; modos de extinção (pagamento direto e pagamento indireto); extinção da obrigação sem pagamento; execução forçada por intermédio do Poder Judiciário; consequências da inexecução da obrigação por fato imputável ao devedor (mora, perda e danos e cláusula penal); transmissão (cessão de crédito, cessão de débito e cessão do contrato). Obrigação por declaração unilateral de vontade: promessa de recompensa, gestão de negócios, pagamento indevido e enriquecimento sem causa e títulos de crédito. Registros públicos.

Ponto VIII: Contratos em geral: requisitos de validade, princípios, formação, classificação; efeitos em relação a terceiros; efeitos particulares (direito de retenção, *exceptio nom adimpleti contractus*, vícios redibitórios, evicção e arras; extinção da relação contratual. Compra e Venda. Troca. Doação. Locação de coisa móvel e imóvel. Prestação de Serviços. Empreitada. Empréstimo: mútuo e comodato. Depósito. Mandato. Seguro. Fiança. Registros públicos.

Ponto IX: Ato ilícito. Obrigações por ato ilícito. Responsabilidade civil: conceito, pressupostos, espécies e efeitos. Responsabilidade civil do fornecedor pelos produtos fabricados e pelos serviços prestados. Responsabilidade civil por dano causado ao meio ambiente e a bens diretos de valor artístico, estético, histórico e paisagístico.

PROGRAMA DE DIREITO FINANCEIRO E ECONÔMICO – EDITAL DE ABERTURA DO CONCURSO PGFN 2012

1. Finanças públicas na Constituição de 1988. 2. Orçamento. Conceito e espécies. Natureza jurídica. Princípios orçamentários. Normas gerais de direito financeiro (Lei n° 4.320, de 17/3/1964). Fiscalização e controle interno e externo dos orçamentos. 3. Despesa pública. Conceito e classificação. Princípio da legalidade. Técnica de realização da despesa pública: empenho, liquidação e pagamento. Disciplina constitucional e legal dos precatórios. Lei de Responsabilidade Fiscal (Lei Complementar n° 101, de 4 de maio de 2000). 4. Receita pública. Conceito. Ingressos e receitas. Classificação: receitas originárias e receitas derivadas. Preço público e sua distinção com a taxa. 5. Dívida ativa da União de natureza tributária e não-tributária. 6. Crédito público. Conceito. Empréstimos públicos: classificação, fases, condições, garantias, amortização e conversão. Dívida pública: conceito, disciplina constitucional, classificação e extinção. 7. Sistema Financeiro Nacional (Lei n° 4.595, de 31 de dezembro de 1964). 8. Ordem constitucional econômica: princípios gerais da atividade econômica. Política agrícola e fundiária e reforma agrária. 9. Ordem jurídico-econômica. Conceito. Ordem econômica e regime político. 10. Ordem econômica internacional e regional. Aspectos da ordem econômica internacional. Definição. Normas: direito econômico internacional. Aspectos da ordem econômica regional. Definição. Normas: direito econômico regional – MERCOSUL. 11. Sujeitos econômicos. 12. Intervenção do Estado no domínio econômico. Liberalismo e intervencionismo. Modalidades de intervenção. Intervenção no direito positivo brasileiro. 13. Norma Antitruste. Sistema Brasileiro de Defesa da Concorrência. Prevenção e repressão às infrações contra a ordem econômica.

PROGRAMA DE DIREITO FINANCEIRO E ECONÔMICO – EDITAL DE CONVOCAÇÃO PARA PROVA ORAL – CONCURSO PGFN 2012

Ponto I: Finanças públicas na Constituição de 1988. Orçamento. Conceito e espécies. Natureza jurídica. Princípios orçamentários. Fiscalização e controle interno e externo dos orçamentos. Disciplina constitucional e legal dos precatórios.

Ponto II: Normas gerais de direito financeiro (Lei nº 4.320, de 17/3/1964). Despesa pública. Conceito e classificação. Princípio da legalidade. Técnica de realização da despesa pública: empenho, liquidação e pagamento. Receita pública. Conceito. Ingressos e receitas. Classificação: receitas originárias e receitas derivadas. Preço público e sua distinção com a taxa.

Ponto III: Lei de Responsabilidade Fiscal (Lei Complementar nº 101, de 4 de maio de 2000). Crédito público. Conceito. Empréstimos públicos: classificação, fases, condições, garantias, amortização e conversão. Dívida pública: conceito, disciplina constitucional, classificação e extinção.

Ponto IV: Dívida ativa da União de natureza tributária e não-tributária.

Ponto V: Sistema Financeiro Nacional (Lei nº 4.595, de 31 de dezembro de 1964). Norma Antitruste. Sistema Brasileiro de Defesa da Concorrência. Prevenção e repressão às infrações contra a ordem econômica.

Ponto VI: Ordem constitucional econômica: princípios gerais da atividade econômica. Ordem jurídico-econômica. Conceito. Ordem econômica e regime político. Intervenção do Estado no domínio econômico. Liberalismo e intervencionismo. Modalidades de intervenção. Intervenção no direito positivo brasileiro. Ordem econômica internacional e regional. Aspectos da ordem econômica internacional. Definição. Normas: direito econômico internacional. Aspectos da ordem econômica regional. Definição. Normas: direito econômico regional – MERCOSUL.

Além das especificidades já mencionadas, o estudo do conteúdo para esta fase do concurso é diferente das anteriores por alguns aspectos. Como visto nos primeiros capítulos, a prova objetiva, por expressa previsão do edital, atribui um maior número de questões a determinados grupo de matérias. Ademais, vimos que, pelos concursos anteriores, em média, houve uma maior incidência de questões sobre Direito Tributário, Direito Constitucional, e Direito Processual Civil, de forma que o bom estudo dessas matérias poderia trazer uma ótima pontuação aos candidatos nesta fase.

Já na fase subjetiva, vimos que, além de o edital especificar, em cada uma das provas discursivas, quais grupos de matérias podem ser exigidos, havendo, assim, prevalência das matérias constantes do Grupo I, que podem ser exigidas nos três períodos de prova, da análise dos concursos anteriores, constatou-se que a maior média de questionamentos se refere à Direito Tributário, Direito Civil, Direito Financeiro e Direito Administrativo. Já no que tange às peças judiciais, pareceres e dissertações, o maior enfoque é o Direito Tributário, Direito Administrativo e Direito Processual Civil. Assim, novamente, um estudo mais focado nessas matérias daria ao candidato uma maior provável chance de aprovação.

Na fase oral, no entanto, pela primeira vez no concurso, não há qualquer privilégio ou preferência dada a alguma das matérias. Como dito, esta fase vale de zero a cem pontos, nota que é construída pela média aritmética dada por cada uma das bancas, também de zero a cem pontos. Assim, nesta etapa, não existe um foco específico no que tange ao estudo do conteúdo, devendo o candidato abordar, de igual forma, todas as matérias que lhe serão exigidas, uma vez que todas possuem o mesmo valor.

No mesmo sentido, nas fases anteriores, sabemos que, pela experiência com outros concursos públicos, em cada matéria, sempre existem alguns assuntos que são recorrentes e que as bancas costumam exigir o seu conhecimento quando da resposta às questões. Por exemplo, dificilmente se verá uma prova de Direito Administrativo sem algum questionamento sobre Licitações e Contratos, ou até uma prova de Direito Constitucional sem abordar o tema de Controle de Constitucionalidade. Na fase oral, no entanto, tomando por base os concursos para Procurador da Fazenda Nacional de 2012 e 2015, vê-se que, em virtude da divisão do conteúdo por pontos e do sorteio do ponto que será exigido do candidato, antes da arguição, todos os assuntos, em geral, possuem igual importância.

Neste contexto, além dos cursos aos quais me submeti, que me deram um verdadeiro norte a seguir e me auxiliaram, por demais, a evoluir a forma de me expressar, na construção de argumentações e no controle do nervosismo, dividi a minha preparação na revisão do conteúdo e no treinamento intensivo. Quanto ao conteúdo, optei, novamente, por trabalhar com poucas matérias, revisando, assim, ao mesmo tempo, duas a três, e inserindo as demais à medida que concluísse as anteriores.

A esta altura, já possuía o meu resumo, em tópicos, com os informativos dos últimos dois anos, resumos e anotações dos pontos mais importantes de cada matéria e todos os livros e legislações se encontravam devidamente grifados e destacados. Destarte, com todo o material em mãos, passei a relê-los, mais de uma vez, realizando, assim, uma revisão intensa sobre os mais diversos temas. Ainda, adicionei à minha preparação a leitura de um caderno de anotações das aulas de um curso tele presencial, pois, diferentemente dos livros, ele concentrava os assuntos mais importantes de cada tema e era repleto de conceitos sobre os institutos.

Ademais, em verdadeiro espírito de solidariedade, os candidatos convocados para a prova oral, no concurso ao qual me submeti, optaram por prestar auxílio mútuo. Assim, fora organizado um verdadeiro mutirão, com a organização da divisão dos diversos pontos das matérias entre os candidatos, para que fosse possível a construção de um material único de revisão, dotado de perguntas e respostas sobre os principais temas do conteúdo, otimizando-se, assim, a preparação de todos, e possibilitando uma revisão mais célere e completa de todo o assunto a ser exigido. Embora tenha consistido em um material de grande qualidade, por falta de tempo, fiz pouco uso do mesmo, utilizando-o apenas para ter uma ideia das perguntas que poderiam ser realizadas.

Da mesma forma, para possibilitar um estudo mais direcionado, busquei, na internet, diversas perguntas já realizadas nas provas orais dos concursos de outras carreiras, para que pudesse ter uma ideia do tipo de questões e do nível do que poderia me ser arguido na realização desta etapa, com o intuito de compreender qual seria a melhor forma de me preparar e estudar, já que, como dito, não havia informações concretas sobre como seria esta fase no concurso para Procurador da Fazenda Nacional.

Em regra, nesta fase, quando da arguição, cobra-se a conceituação de institutos jurídicos, demonstração do entendimento da doutrina ou da jurisprudência sobre determinado ponto etc., não consistindo a arguição em verdadeiras perguntas complexas, mas, ao contrário, de diversas perguntas mais diretas e objetivas, embora não tão simples.

Além de toda a revisão do conteúdo, que, realmente, faz-se necessária, dada a quantidade de informações que se deve ter em mente quando da submissão às arguições, reputo que essenciais e indispensáveis são os treinos de simulação. Repiso que, para uma boa preparação para esta fase, não deve o candidato se limitar ao estudo do conteúdo, devendo-se atentar e aprimorar as características referentes aos demais itens que serão objeto de avaliação. Rememorando, o emprego adequado da linguagem, a articulação do raciocínio, a capacidade de argumentação e o uso correto do vernáculo.

Neste contexto, o treino possibilita um verdadeiro desenvolvimento mental e psicológico, com a gradativa superação do medo de se expor em público, de forma que, ao longo das simulações, o candidato vai se deparando, constantemente, com a exposição e com o nervosismo, até o momento em que tudo isto se torna, se não algo normal e natural para ele, uma situação concreta e com a qual, ainda que com um pouco de nervosismo e medo (pois sempre haverá), sabe-se que poderá com eles conviver e superar mais esta etapa do concurso.

Ademais, com os treinos, realiza-se uma verdadeira simulação da situação com a qual o candidato irá se deparar quando do concurso, possibilitando que seja colocado sob pressão, exigindo-se, além de todo o autocontrole, a realização de uma exposição clara sobre tema, com a construção de respostas rápidas e articuladas, com bons argumentos e sem se esquecer do necessário correto uso da linguagem.

Para realização dos treinos, juntei-me a três colegas, que também estavam se preparando para esta temida fase do mesmo concurso e, duas vezes por semana, nos encontrávamos e realizávamos mútuas arguições. Na minha opinião, o ideal para o treinamento é formar um grupo pequeno, para possibilitar que todos, em um curto período de tempo, sejam diversas vezes arguidos. Ademais, não basta a simples arguição. Para uma melhor simulação, é essencial a criação de vários níveis de perguntas, das mais fáceis às mais complexas, cumuladas com interferências e questionamentos, ao longo da resposta, por parte dos "examinadores fictícios", de forma a exigir do candidato, de fato, a rápida construção de argumentos e ideias.

Importante, também, neste contexto, que os colegas de treino sempre se atentem à sua exposição e apontem as falhas e pontos que podem ser aprimorados. Para facilitar a identificação, uma boa ferramenta é a filmagem das arguições, possibilitando, assim, que o próprio candidato arguido avalie a sua explanação, identificando os pontos a melhorar, e buscando, assim, uma constante evolução.

Neste contexto, além de realizar uma correta exposição oral sobre o tema, é necessário fazê-la com expressão e formalidade. Quanto a esta, destaca-se que o ambiente de uma prova oral é formal. O examinador e os candidatos estão vestidos com trajes adequados a uma ocasião formal, a prova ocorre em uma verdadeira solenidade aberta ao público, com regras rígidas a serem seguidas e padrões a serem respeitados. Por este motivo, inclusive, os professores e profissionais que realizam o treinamento e a preparação para a prova oral costumam orientar que os candidatos cumprimentem os examinadores, referindo-se a eles como "Excelência".

Muitas vezes, a prova oral ocorre em um ambiente mais intimista, com as bancas de cada matéria em salas separadas, e não concentradas em uma sala apenas, com pouco público assistindo etc. Ademais, é comum que alguns examinadores, mais sensibilizados com o momento de tensão vivido pelos candidatos, com eles conversem, de forma mais descontraída, antes do início da arguição.

No entanto, deve-se ter em mente que não se está diante de uma simples conversa de amigos, mas de uma etapa de concurso público, sendo o ambiente de uma prova oral formal. Ainda que se depare com alguma dessas situações, seja simpático e não deixe de conversar ou responder ao que lhe for perguntado, mas nunca se esqueça de manter o respeito para com o examinador, a formalidade da situação e se utilizar de linguagem educada e correta. Às vezes, os examinadores criam este ambiente para, verdadeiramente, avaliar a postura do candidato.

No que tange à expressão, deve-se entender que uma exposição oral, qualquer que seja o seu contexto, não se limita ao som emitido e à construção de palavras. Mais que isso, a exposição leva, ainda, em consideração toda a postura, a gesticulação, o olhar, o tom e a firmeza da voz, em síntese, a segurança na forma como o candidato se porta.

Imagine que você realizará uma entrevista com dois estudiosos e especialistas sobre determinado assunto para decidir qual deles contratar para a sua empresa. Realizadas as perguntas, ambos expõem o tema, no que tange ao conteúdo, de forma correta. No entanto, enquanto um deles responde a todas as perguntas com segurança, firmeza, boa gesticulação e exposição sobre o tema, o outro o faz com bastante nervosismo, evitando olhar nos seus olhos, com as mãos no bolso, voz embargada e tremulante, e sem afirmar, com segurança, o que se está sendo questionado. Certamente, o primeiro candidato será o contratado.

Da mesma forma, com as devidas particularidades, a prova oral de um concurso público, além de confirmar se o candidato possui o conhecimento exigido (frise-se, já exaustivamente avaliado nas fases anteriores), é uma maneira de conhecer e avaliar se o candidato, por sua postura, forma de exposição etc., possui condições de se tornar membro daquela carreira e representá-la, com grandeza, nas mais diversas ocasiões que se façam necessárias. Assim, reitera-se a necessidade de uma resposta segura e expressiva.

Neste contexto, quando da exposição, aconselha-se ao candidato adotar uma postura reta e formal, caso arguido sentado, ao invés de uma postura mais relaxada; que utilize as mãos para gesticular, gradativamente e de acordo com o que se expõe, ou, se não o conseguir, que a coloque sobre a mesa, mas nunca nos bolsos; que, ao se expressar, olhe nos olhos dos examinadores, chamando, assim, suas atenções para sua exposição, ao tempo que demonstra segurança e autoconfiança; que, ao ser arguido, não demonstre insegurança ou dúvida com o que se estar a responder; e que mantenha, com firmeza, o que foi exposto.

Quanto a este último ponto, é comum que os examinadores, após a exposição dos candidatos, questionem se ele possui certeza do que está sendo dito. Em regra, objetiva-se, com isto, justamente avaliar a postura do candidato em situações de pressão e a segurança em sua resposta. No entanto, destaca-se que, às vezes, ao realizar tal questionamento, o examinador, solidarizando-se com o candidato, está a conceder uma oportunidade de refazer a sua resposta, que se encontra equivocada. Tudo dependerá da forma e do tom do questionamento, cabendo ao candidato ter a sabedoria de filtrar e interpretar o que pretende o examinador.

Assim, com todo esse misto de revisão do conteúdo e simulações, aprimorando, nestas, todos os aspectos acima mencionados e necessários à realização de uma exposição segura e confiante sobre o tema, em meio a uma grande tensão e expectativa, realizei a minha preparação para a prova oral do concurso de Procurador da Fazenda Nacional de 2012.

Além das previsões que constam no edital de abertura do concurso, em regra, quando da convocação para esta fase, é publicado um novo edital, contendo disposições específicas sobre as regras e detalhes desta etapa do certame. No concurso para Procurador da Fazenda Nacional de 2012, os candidatos convocados foram divididos em onze grupos, adotando-se como critério a ordem alfabética, de forma que cada grupo prestou prova em um dia diferente, totalizando, assim, onze dias de prova. Ademais, em cada dia, subdividia-se o grupo em dois, também de acordo com a ordem alfabética, estabelecendo-se, assim, os candidatos que prestariam a prova no horário da manhã, com início às 8h, ou da tarde, a ser iniciada às 14h. No concurso de 2015, por sua vez, os candidatos foram divididos em sete grupos, sem utilização do critério da ordem alfabética, que apenas fora aplicado na subdivisão de cada grupo, definindo os que prestariam prova pela manhã ou pela tarde.

Neste contexto, fui convocado para prestar as provas no penúltimo dia, no horário da manhã. Não bastasse toda a expectativa e medo que se cria ao longo da preparação, está só aumenta durante o início do período de provas. Muitos dos candidatos, à medida que iam sendo arguidos, divulgavam, na internet, parte das inúmeras questões que lhe haviam sido feitas, gerando, assim, uma verdadeira tensão entre os candidatos que ainda iriam se submeter ao exame, e uma grande correria na busca das respostas corretas.

No meu caso, reputei muitas das questões divulgadas de difícil nível, criando uma verdadeira ansiedade e aumentando o medo e a tensão que já sentia até o momento, de forma que, faltando uma semana para a minha arguição, eu, basicamente, perdi toda a confiança que tinha em minhas capacidades. Deixei que o nervosismo e a insegurança tomassem conta de mim, fiquei cabisbaixo, desmotivado e acreditando que não estaria preparado para este tipo de prova e estava com verdadeiro medo de me submeter à arguição.

Nesta hora, foi de extrema importância a compreensão, o carinho e a motivação dos meus familiares e da minha namorada, hoje esposa, que, com toda calma e paciência, relembraram-me todo o caminho que havia percorrido até ali, todas as dificuldades e obstáculos superados, todas as etapas vitoriosas, o conteúdo lido, as horas de treino e dedicação, e que deveria confiar no meu conhecimento e no meu potencial.

Eu já havia percorrido um caminho tão longo até aqui, e a fase a oral era o último passo que estava entre a idealização e a concretização do meu sonho de me tornar Procurador da Fazenda Nacional. Assim, após um pequeno momento de turbulência, retomei o meu ânimo para os estudos e a confiança necessária a escalar os últimos degraus até a minha aprovação.

Destaco, aqui, aos que irão se submeter a esta fase, que, realmente, é sentimento normal e comum entre todos os candidatos o nervosismo e a desconfiança. Não é uma questão pessoal, mas algo que envolve todos. Ademais, não há como superar esse nervosismo, ele estará presente em toda a sua caminhada, até que conclua o seu exame oral, ou, mais ainda, até que seja divulgado o resultado da prova. Se falar em público, por si só, já era uma tarefa difícil, o que dizer de ser arguido sobre os mais diversos assuntos inseridos em oito grandes matérias por quatorze Procuradores da Fazenda Nacional?

Embora a tarefa seja difícil, aprende-se a conviver com o nervosismo, a administrar todo o medo e a tensão que se sente, para, em todo esse contexto, ainda conseguir se expressar da melhor forma possível na arguição. E, aqui, vemos a importância de realizar os constantes treinos de simulação e aprender a controlar todos esses sentimentos para que não interfiram no bom desempenho durante a arguição.

Lembro-me que, já em Brasília, na véspera da minha arguição, estava tão nervoso e ansioso que fiquei, até tarde da noite, lendo sobre temas objeto de questionamento nos dias anteriores à prova oral. Tive enorme dificuldade para dormir e relaxar. É obvio que isto não é o ideal. É recomendável uma boa noite de sono e de descanso na véspera da prova que, novamente, é uma fase de grande tensão, em especial, do emocional. No entanto, foi neste contexto que cheguei ao dia da minha arguição, repleto de ansiedade e tensão.

A prova oral é realizada em Brasília-DF, através de sessão pública, aberta, portanto, ao público que pretenda assisti-la. Nos concursos para Procurador da Fazenda Nacional de 2012 e de 2015, a prova oral foi realizada na sede da Escola Superior de Administração Fazendária – ESAF. É certo que esta fase já exige um grande controle mental do candidato, e o fato de ser realizada em sessão pública pode levar alguns candidatos a se sentirem mais constrangidos e inibidos, pela dificuldade de se expressar em público.

Caso este seja o seu caso, te tranquilizo desde já. A despeito de ocorrer em sessão pública, no certame de 2012, apenas se admitiu o ingresso do público até o horário de início das arguições e poucos foram os que as assistiram. Em geral, de todas as bancas do concurso, além dos examinadores e de dois funcionários, no máximo quatro pessoas assistiram às minhas arguições.

Devendo-se comparecer com a antecedência obrigatória mínima de trinta minutos antes do início das provas, todos os candidatos foram identificados e, a cada um, foi designado um fiscal, que lhe acompanharia no deslocamento durante toda a prova. Após a identificação, fomos todos conduzidos a uma mesma sala, confinados em silêncio e sem a permissão de qualquer consulta a materiais de estudo, meios de comunicação ou conversas. Nesta sala, havia água e café e era permitida a realização de lanches. Ademais, o candidato que necessitasse utilizar o banheiro o poderia fazer, sempre acompanhado do fiscal.

Dentre as oito matérias exigidas nesta fase, Direito Financeiro e Direito Econômico formaram uma única banca. Assim, foram criadas, ao todo, sete bancas examinadoras, cada qual composta por dois examinadores. Cada Banca ficou situada em uma sala diferente, de forma que, aos poucos, os candidatos foram conduzidos, de acordo com a ordem alfabética, da sala de espera para cada uma dessas salas. Por exemplo, após ingressar na sala de Direito Civil e realizar as arguições, fui reconduzido à sala de espera, na qual aguardei, por um tempo, a minha vez para ser conduzido à sala de Direito Financeiro e Econômico e, assim, sucessivamente, sempre intercalando a sala de arguição com a de espera, até completar todas as sete salas necessárias à conclusão da prova.

Frise-se, ainda, que não era permitido a nenhum candidato assistir à arguição de outro, nem antes, nem após a sua prova. Embora a arguição tenha sido guiada pela ordem alfabética, não havia uma ordem de bancas a serem seguidas. Por exemplo, enquanto iniciei por Direito Civil, outro candidato pode ter iniciado por Direito Tributário, e assim, por diante, conduzindo-se sempre o candidato da vez à sala que estivesse vaga.

Ingressando na sala de alguma banca, em regra, após breves cumprimentos aos examinadores, sentávamos em uma cadeira, na frente dos examinadores, e erámos convidados a

Aprovado para a fase oral 137

sortear o ponto daquela matéria que deveria ser arguida. Para tanto, havia uma caixa com várias bolas (como aquelas utilizadas para o jogo de tênis de mesa), cada qual com um número, e o candidato, sem olhar, escolhia uma dessas bolas, representando, assim, o ponto com as matérias a serem objeto da arguição.

Após a leitura, pelo examinador, das matérias que constavam no ponto sorteado, iniciava-se o tempo de dez minutos, dentro do qual os examinadores poderiam realizar quantas e quaisquer perguntas quisessem, desde que limitadas aos assuntos do ponto, cabendo ao candidato respondê-las de forma fundamentada durante este mesmo período. Ou seja, todas as perguntas e respostas devem ser realizadas dentro do período de dez minutos.

Em algumas bancas, após a realização de uma quantidade de perguntas e a exposição das respectivas respostas pelo candidato, mesmo antes de esgotarem os dez minutos, os examinadores se mostravam satisfeitos e encerravam a arguição, liberando o candidato. Em outras, esperava-se concluir o tempo exato, e, caso o encerramento ocorresse durante a explicação pelo candidato, não havia possibilidade de prorrogá-lo para a conclusão, interrompendo-se, ali, a arguição.

Reputo ser uma resposta completa aquela que não se limita a responder exatamente ao questionado, mas, indo além, acrescenta outros aspectos sobre o tema arguido. Por exemplo, na Banca de Direito Processual Civil, na qual consegui lograr um bom resultado, fui questionado sobre "quais as razões da reforma no Código de Processo Civil que acabou por retirar a dúvida como hipótese de cabimento dos embargos de declaração". Poderia ter me limitado a responder, de forma objetiva, que a dúvida era algo muito subjetiva, de forma que uma mesma decisão pode estar viciada de dúvida para alguns e para outros não, o que acabou gerando uma grande utilização de embargos declaratórios na praxe jurídica com esta hipótese de cabimento.

No entanto, fui além. Respondi ao que me foi questionado e acrescentei quais as três hipóteses atuais de cabimento dos embargos de declaração no Código de Processo Civil, a sua utilização também para correção de erro material, bem como frisei que, em que pese tenha sido retirada do Código de Processo Civil, a dúvida permanece como hipótese de cabimento dos embargos de declaração nos Juizados Especiais. Assim, aconselho os candidatos a irem sempre além do questionado, demonstrando ao examinador que possui grande conhecimento, mas desde que discorra sobre assuntos relacionados ao tema e não fuja do contexto da questão.

Ademais, deve-se, também, estar preparado para a forma como o questionamento é realizado. Em regra, entendo que a resposta mais segura a uma determinada pergunta deve se basear na exposição do entendimento legal, jurisprudencial e doutrinário sobre o tema, mantendo-se omisso quanto à sua opinião pessoal. No entanto, recordo-me que, na Banca de Direito Constitucional, ao ser questionado sobre "a possibilidade de realização de nova revisão constitucional", bem como "da realização de novo plebiscito sobre a forma e o sistema de governo no Brasil", iniciei a minha resposta demonstrando existirem duas correntes no Direito brasileiro sobre o assunto e seus principais argumentos, quando fui interrompido pelo examinador, que falou "esqueça doutrina e jurisprudência, quero que você me fale a sua opinião".

Assim, deve-se estar preparado para todas as situações que possam surgir. Em casos como estes, já que o examinador exige a sua opinião, certamente deve-se utilizá-la para realizar a sua resposta. Após um momento de susto com a interrupção, tive a frieza necessária e passei a responder ao questionado, adotando, implicitamente, uma das correntes doutrinárias e frisando se tratar de minha opinião pessoal sobre o assunto.

Considerando o tempo, em cada uma das bancas, e na sala de espera, a prova dura, em média, duas horas, sendo, assim, um momento de intenso cansaço não só mental, como também físico.

Como dito, trata-se de uma fase em que se tem que aprender a conviver com o nervosismo e administrar o mental, cabendo ao candidato, mesmo ao longo da prova, filtrar os seus sentimentos e ter a sabedoria necessária para manter o seu autocontrole e escolher a estratégia necessária para a prova.

Lembro-me que, em minha primeira banca, como tudo era novidade, fiquei bastante nervoso e não apliquei nenhuma das técnicas que havia aprendido e treinado ao longo da minha preparação. Não utilizei a postura e a gesticulação adequadas, fiquei com as mãos paradas, não direcionei o olhar aos examinadores e, para piorar, quando questionado se eu tinha certeza sobre a minha resposta, passei alguns segundos olhando para baixo e refletindo. Certamente, esta não é a postura de segurança que se quer de um candidato na prova oral.

Neste contexto, ao retornar à sala de espera, respirei fundo, bebi um pouco de água, fui ao banheiro lavar o rosto e passei a refletir sobre tudo que tinha feito e deixado de fazer naquela banca, com o intuito de procurar, em um curto espaço de tempo, utilizar-me da experiência ali vivida para melhorar meu desempenho nas bancas que estariam por vir. Cabe ao candidato, ao longo da sua prova, adaptar-se e buscar a estratégia e a motivação necessária para superar cada um dos desafios. Relembrei-me, aqui, de todas as dicas de postura, de expressão etc., e, nas bancas seguintes, consegui aplicar tudo que havia aprendido, o que me deu confiança ao longo da minha avaliação.

Outro detalhe importante é não deixar o nervosismo ou o desespero tomar conta de você em virtude de um mau desempenho em alguma das bancas. Como cediço, no concurso para Procurador da Fazenda Nacional, diferentemente de outros certames, há apenas nota mínima referente ao somatório das bancas, não havendo nota mínima por banca, o que possibilita que o candidato possa se recuperar de eventual nota ruim advinda de uma arguição não tão boa em alguma das bancas.

É o que aconteceu comigo. Não bastasse ter ficado muito nervoso e não ter aplicado, corretamente, as técnicas necessárias na banca de Direito Civil, a minha segunda banca foi a de Direito Financeiro e Econômico. Dentre as oito matérias exigidas nesta fase, certamente, Direito Financeiro era a matéria com a qual possuía menos afinidade e conhecimento, de forma que torcia para, no sorteio dos pontos, ser arguido sobre temas de Direito Econômico.

Nem sempre o que se quer é o que se tem. Ingressando na mencionada banca, o ponto sorteado foi de Direito Financeiro e correspondia aos assuntos que tinha menos conhecimento e mais insegurança. Para piorar, ao contrário de todas as outras seis bancas, que, em média, me arguiram entre três a cinco perguntas, ao longo dos dez minutos, a de Direito Financeiro e Direito Econômico me fez apenas uma pergunta. Mesmo cientes de que eu não estava demonstrando possuir o conhecimento necessário para respondê-la, os examinadores insistiram nesta mesma perguntar até o final dos dez minutos, não me concedendo, assim, a chance de demonstrar conhecimento em outros questionamentos.

Neste contexto, ao retornar à sala de espera, o candidato já vai tendo em mente, em média, a provável nota que deve receber nas bancas por que passou, traçando a estratégia necessária e as notas que têm que conseguir, nas demais bancas, para conseguir a aprovação. Assim, de fato, após conferir o resultado, Direito Civil, com nota seis, e Direito Financeiro e Econômico, com nota quatro, foram as minhas notas mais baixas. No entanto, tive a felicidade e a sabedoria de, ao longo das arguições, administrar a pressão, o nervosismo e superar as dificuldades das primeiras bancas para conseguir boas notas nas seguintes. Ao final, obtive 70,71 pontos, fui aprovado para a fase seguinte e melhorei algumas posições na classificação final do concurso.

Em minha preparação, por se tratar do primeiro exame oral realizado na história do concurso da Procuradoria Geral da Fazenda Nacional, tudo era novidade, de forma que nem os candidatos, nem os professores, sabiam, ao certo, como ocorreria a prova e a forma e o nível das perguntas que seriam feitas nas arguições, o que fez com que toda a fosse permeada pelo medo do incerto.

Hoje, no entanto, pela experiência vivida naquele certame, posso auxiliar os futuros candidatos à fase oral do concurso para Procurador da Fazenda Nacional. Para tanto, consolidei alguns dos questionamentos realizados na prova oral do concurso de 2012, conforme relatos, à época, de alguns amigos e diversos outros candidatos que postaram seus depoimentos, sobre as arguições, na internet. Assim, sugiro seja incluída, em sua preparação, a resposta também aos referidos questionamentos, por representar o tipo e o nível das arguições realizadas. Para um melhor estudo, dividimos as questões de acordo com as bancas:

PERGUNTAS DA PROVA ORAL – CONCURSO PGFN 2012 – DIREITO CONSTITUCIONAL
Quais são as gerações dos direitos fundamentais? Fale sobre cada uma delas.
As 3 gerações de direitos fundamentais estão previstas no art. 5º, da CF?
Cite um exemplo de um direito fundamental do art. 5º, da CF, em que não se aplica o §1º do mesmo artigo.
De que forma um tratado internacional sobre direitos humanos ingressa no Brasil? A partir de que momento? Com que status?
Qual é a relação jurídica que se extrai dos direitos de 1ª e 2ª geração?

PERGUNTAS DA PROVA ORAL – CONCURSO PGFN 2012 – DIREITO CONSTITUCIONAL
É possível aplicar direitos fundamentais na relação jurídica entre particulares? Em que hipóteses a jurisprudência já admitiu?
Em caso de conflito de direitos fundamentais, como resolvê-lo? É possível aplicar totalmente um direito fundamental em total detrimento de outro?
Quais as características essenciais do presidencialismo? Há influência do parlamento nas decisões ou possibilidade de "derrubada" do presidente antes do término do mandato?
O que é presidencialismo de coalizão?
Quais foram as alterações no regime das Medidas Provisórias decorrentes da EC 32/01?
Qual a forma prevista para retirada do Presidente do cargo antes do término do mandato pelo parlamento?
Quem julga o crime de responsabilidade cometido pelo Presidente? E o crime comum?
No crime comum, há necessidade de autorização pela Câmara? Considerando que, para a melhor doutrina, o impeachment ocorre no momento da suspensão do Presidente de suas funções pela autorização da Câmara ao crime de responsabilidade, pode-se dizer que tal autorização no crime comum configura impeachment?
Se o Presidente está em um estádio de futebol e assassina alguém, pode ser preso/processado? Esse tratamento é extensível ao Governador? Sim, não e por qual razão?
Conceitue o Mandado de Segurança no âmbito da Constituição Federal.
A imunidade tributária pode ser alterada ou criada por lei ordinária?
A quem compete o controle concentrado no Brasil? Somente ao STF?
Cabe recurso do julgamento em controle concentrado? E no Tribunal de Justiça? E ação rescisória?
O processo do Recurso Extraordinário contra decisão de Tribunal de Justiça em controle concentrado é objetivo ou subjetivo? A decisão do STF nesse caso tem eficácia no país inteiro?

Aprovado para a fase oral 143

PERGUNTAS DA PROVA ORAL – CONCURSO PGFN 2012 – DIREITO CONSTITUCIONAL
O que é um processo objetivo? Há lide? Há necessidade de provar fatos? Para que servem as audiências públicas?
Fale sobre o Conselho Nacional de Justiça, abordando sua função e a possibilidade de anulação de seus atos.
O órgão de cúpula do Judiciário no modelo europeu integra o Poder Judiciário?
O Recurso Especial deve obedecer à regra da reserva do plenário?
Um parecer do Procurador da Fazenda Nacional pode ser revogado pelo Advogado Geral da União? E se esse mesmo parecer fosse aprovado pelo Ministro da Fazenda?
O que é o princípio da independência funcional?
Fale sobre a horizontalidade dos direitos fundamentais. Se aplica no brasil?
O que são direitos de prestação? Qual a problemática da sua eficácia?
Os direitos sociais são cláusulas pétreas? Por quê?
Todos os direitos previstos no art. 5º, CF, são direitos de liberdade e tem aplicação imediata, em decorrência do §1°? Dê exemplo.
Diferencie Direitos e Garantias Fundamentais. Fale sobre as Garantias Institucionais.
Relacione Dignidade da Pessoa Humana, Direitos Fundamentais e Garantias Fundamentais.
Qual a diferença entre o princípio da legalidade do art. 5º, II, da CF do princípio da legalidade do art. 37, caput, da CF?
Qual a diferença entre a liberdade de ofício (art. 5º) e o direito ao trabalho (art. 13, CF)? Cabe mandado de injunção para assegurar o direito à liberdade ofício?
Diferencie o processo objetivo do subjetivo. Cabe recurso das decisões em controle concentrado?
O que é reserva de plenário?

PERGUNTAS DA PROVA ORAL – CONCURSO PGFN 2012 – DIREITO CONSTITUCIONAL

Na hipótese de ADI estadual, quando o parâmetro é norma de reprodução obrigatória, cabe Recurso Extraordinário para o STF. O STF precisa comunicar a decisão desse RE ao Senado para os fins do art. 52, X, CF?

Aborde o controle de constitucionalidade no Direito comparado.

O CNJ é órgão de controle externo?

Súmula vinculante exclui norma do ordenamento?

É possível emenda parlamentar em proposta de iniciativa exclusiva do presidente?

O vício de iniciativa é sanado pela sanção?

A CPI é uma função atípica do legislativo? O prazo e o objeto podem ser indeterminados?

O que é o princípio da autonomia funcional do Ministério Público?

Um Mandado de Injunção pode criar uma Defensoria Pública?

Quais as características de uma federação?

Em que consiste o princípio da simetria? Esse princípio mitiga a autonomia dos entes federativos?

Uma Emenda Constitucional pode alterar o Pacto Federativo?

Uma Emenda Constitucional que vise a extinção do IPVA, do ISS e do IR, substituindo-os por um imposto único, é constitucional?

Que medidas judiciais de controle podem ser adotadas durante o trâmite legislativo da referida EC?

O que são e quais são os princípios sensíveis?

Por que está prevista no art. 22, da CF, a competência privativa da União para legislar sobre normas gerais acerca de licitação e não no art. 24, que trata da competência concorrente, na qual a União possui competência para elaborar normais gerais. Houve equívoco do constituinte?

Quais as características de uma federação, os elementos que a diferenciam de uma confederação e de um estado unitário?

É possível a previsão de Medida Provisória por Constituição estadual?

PERGUNTAS DA PROVA ORAL – CONCURSO PGFN 2012 – DIREITO CONSTITUCIONAL

Qual é o órgão competente para análise do controle concentrado de constitucionalidade? Qual o parâmetro de controle? Qual o objeto?

Lei municipal pode ser questionada por ADI?

Qual o procedimento das ADI estaduais?

Considerando que da decisão do Tribunal de Justiça local cabe Recurso Extraordinário para o STF em sendo norma de reprodução obrigatória, a ADI passaria a fazer parte do controle difuso? Qual a eficácia da decisão do Supremo? É necessário que ele comunique ao Senado ou a Assembleia Legislativa local?

Em caso do controle difuso, é necessário que as turmas recursais observem a cláusula de reserva de plenário?

Em que consiste a modulação de efeitos? Aplica-se ao controle difuso? Apenas implica modificação temporal?

A técnica da declaração de inconstitucionalidade parcial sem redução de texto tem sido declarada pelo STF como sinônimo da modulação dos efeitos?

Qual a finalidade da Súmula Vinculante e da repercussão geral, estabelecidas com a Emenda 45?

O STJ pode apreciar inconstitucionalidade de norma?

Fale sobre a anterioridade nonagesimal.

É possível tratado internacional isentar imposto estadual?

Uma emenda constitucional posterior convalida um vício de iniciativa de uma emenda anterior? Houve algum caso julgado, neste sentido, pelo Supremo Tribunal Federal?

Cabe ação direta de direito pré-constitucional? Como se dá o controle de constitucionalidade de normas revogadas?

Quais as consequências quando, no momento do ajuizamento da ação de inconstitucionalidade, a norma vigente posteriormente é revogada?

Fale sobre o sistema europeu e a monarquia contemporânea, abordando o princípio da dignidade da pessoa humana.

PERGUNTAS DA PROVA ORAL – CONCURSO PGFN 2012 – DIREITO CONSTITUCIONAL

Privilégios processuais da Fazenda violam isonomia? Qual o posicionamento do STF? Houve algum privilégio que o STF julgou inconstitucional?

A garantia da independência funcional do Ministério Público é aplicável ao membro ou à instituição?

Aplica-se a independência funcional aos membros da advocacia pública? Acaso aplicado, como ficaria a hierarquia do órgão?

O Parecer vinculante do Advogado Geral da União vincula a PGFN? Mesmo que contrarie parecer do Ministro da Fazenda?

É possível a realização de uma nova revisão constitucional?

Poderia haver novo plebiscito com a finalidade optar pelo regime monarquista ou sistema parlamentarista?

Qual a diferença entre o método tópico problemático e o hermenêutico concretizador?

Como se classificam as normas constitucionais?

PERGUNTAS DA PROVA ORAL – CONCURSO PGFN 2012 – DIREITO TRIBUTÁRIO

Há hierarquia entre princípios e regras? Há conflito entre princípios e regras? O princípio da anterioridade pode ser considerado uma regra?

A COFINS incide sobre o faturamento, mas a CF/88 não disse o conceito de faturamento. Assim, é possível que o legislador tributário estabeleça um conceito próprio?

O Direito Tributário é um direito de superposição?

O Direito Tributário utiliza institutos do direito privado? De que forma?

Diferencie prescrição e decadência. Quais são os termos iniciais da decadência?

Fale sobre a imunidade constitucional recíproca e os seus limites de acordo com o entendimento do Supremo Tribunal Federal.

É possível a criação de leis temporárias? Como são chamadas?

Aprovado para a fase oral 147

PERGUNTAS DA PROVA ORAL – CONCURSO PGFN 2012 – DIREITO TRIBUTÁRIO
É possível constituir o crédito tributário sem lançamento? Em quais situações?
O depósito do montante devido em juízo constitui o crédito? Existe necessidade de lançamento para evitar decadência? Conta-se prazo prescricional em algum momento?
Lei municipal pode definir livremente a modalidade de lançamento do seu tributo? Pode definir que o IPTU estará sujeito ao lançamento por homologação?
Diferencie obrigação tributária de crédito tributário. A obrigação tributária já nasce exigível quando o tributo é sujeito a lançamento por homologação?
Existem contribuições que não são de competência da União? Quais?
Aborde o regime da substituição tributária progressiva, mencionando a necessidade ou não de devolução da arrecadação em caso de pagamento a maior.
É possível denúncia espontânea de obrigação acessória?
A denúncia espontânea afasta todas as espécies de multa?
Pode haver a instituição de uma responsabilidade tributária por meio de lei ordinária?
É possível a legislação tributária dispor sobre prescrição e decadência de forma diversa das normais gerais do CTN?
Fale sobre a CIDE, seu sujeito passivo, ativo, competência, fato gerador e a referibilidade.
Diferencie taxas e tarifas. Qual a situação jurídica dos pedágios?
Fale sobre a cobrança da contribuição para limpeza de logradouros públicos.
Existe planejamento tributário para pagar menos tributo, ou alterar a data do pagamento de forma lícita? E de forma ilícita? A norma antielisão fiscal se aplica para combater todas as formas de planejamento ilícito?
Diferencie substituição tributária para frente de substituição tributária para trás. É possível lei ordinária tratar sobre uma nova hipótese de substituição tributária?

PERGUNTAS DA PROVA ORAL – CONCURSO PGFN 2012 – DIREITO TRIBUTÁRIO
Existe solidariedade ativa no direito tributário? O ITR não seria uma hipótese de solidariedade ativa de União e Município?
Medida cautelar fiscal pode ser proposta antes da inscrição em Dívida Ativa? Há prazo para o fisco ajuizar execução fiscal após a concessão da liminar?
O Fisco pode substituir a Certidão de Dívida Ativa caso parte do tributo seja declarada ilegal, mas seja possível obter novo valor por meros cálculos?
A Procuradoria da Fazenda Nacional pode ajuizar ação contra decisão do CARF?
Alguma norma do Código Tributário Nacional poderia ser revogada por lei ordinária?
Como se dá o processo de introdução de uma lei tributária internacional no ordenamento jurídico brasileiro?
A partir de que momento o tratado é obrigatório na ordem jurídica interna?
Um decreto pode regulamentar a contribuição do SAT?
Fale sobre o princípio da tipicidade cerrada.
O que seria um tributo com efeito de confisco? O STF estabeleceu algum requisito para essa configuração? Algum tributo já foi considerado confiscatório pelo STF?
O princípio da anterioridade é um princípio ou uma regra?
A imunidade recíproca pode ser estendida para uma empresa pública ou sociedade de economia mista que preste serviço de transporte público (linha exclusiva)?
Quais os requisitos para responsabilizar o sócio pela dissolução irregular de uma sociedade?
O depósito do montante integral do tributo serve para fins de denúncia espontânea?
Considerando que o Brasil faz parte da OMC, disso decorre alguma influência na fixação das alíquotas dos impostos de importação e exportação?
Pode uma Emenda Constitucional excluir imposto da competência dos Municípios?

Aprovado para a fase oral 149

PERGUNTAS DA PROVA ORAL – CONCURSO PGFN 2012 – DIREITO TRIBUTÁRIO
O IRPF incide sobre verbas decorrentes de dano moral?
No caso em que um taxista sofrer um acidente e, além de receber judicialmente um valor para consertar o carro, seu instrumento de trabalho, ele receba lucros cessantes, o IRPF incidiria sobre toda a verba recebida?
Qual a atitude do fisco nas hipóteses em que o STF declara posteriormente a constitucionalidade de uma lei que tinha sido, anteriormente, declarada inconstitucional, beneficiando os contribuintes com o seu não recolhimento?
O que é a certidão positiva com efeitos de negativa?
O que é preço de transferência e em que hipóteses este instituto é aplicado?
É possível que a legislação tributária trate de aspecto material do fato gerador?
Qual a diferença de hipótese de incidência, imunidade e isenção?
Como se dá a modulação de efeitos temporais pelo STF? Há alguma diferença entre a modulação se dar a favor ou contra o contribuinte?
Os Estados, Municípios e União podem compartilhar informações?
Inscrição na Dívida Ativa pode ser divulgada? Essa divulgação significa que interessados poderão obter informações ou que as fazendas podem divulgar listas?
Qual a natureza jurídica do ato de inscrição em dívida ativa? Pode haver controle de legalidade do mérito?
Fale a respeito da utilização de sanções políticas pelo não pagamento de tributos e posicionamento do STF.
Fale sobre a competência tributária dos territórios.

PERGUNTAS DA PROVA ORAL – CONCURSO PGFN 2012 – DIREITO FINANCEIRO E DIREITO ECONÔMICO
Qual a diferença entre transferência e remanejamento? Quais os requisitos para realização do crédito suplementar?
Qualquer crédito da União pode ser inscrito em Dívida Ativa?

PERGUNTAS DA PROVA ORAL – CONCURSO PGFN 2012 – DIREITO FINANCEIRO E DIREITO ECONÔMICO

O que deve conter no termo de inscrição de dívida ativa? Pode conter o nome dos responsáveis e corresponsáveis? Qual a consequência de se colocar o nome dos responsáveis e a consequência de não se colocar?

De quem é a competência para inscrever em dívida ativa? Por qual motivo o legislador não colocou a competência para inscrever em dívida ativa à Receita Federal, uma vez que ela é a responsável pelo lançamento tributário?

Na sua opinião, há alguma vantagem em se protestar a Certidão de Dívida Ativa?

Caso o fisco lhe encaminhe, como Procurador da Fazenda Nacional, um lançamento eivado de ilegalidade, qual o procedimento a ser adotado? E se o prazo prescricional estivesse próximo, não seria correto inscrever logo em Dívida Ativa da União?

Empréstimo realizado pela administração pública junto à Instituição Financeira pede que tipo de garantia?

De acordo com Lei de responsabilidade fiscal, qual a providência a ser tomada se, considerando cada ente público vinculado a um Estado – poder executivo, judiciário e executivo, um deles exceder os gastos, embora não seja ultrapassado o limite imposto ao Estado?

O que acontece quando o Legislativo não aprova o projeto de LOA no final do ano?

Existe iniciativa popular em lei orçamentária? O que é orçamento participativo?

O que você acha da teoria da natureza impositiva do orçamento?

Pode o Presidente da República vetar uma despesa do projeto de LOA e em seguida editar medida provisória para gastar essa receita com outra finalidade?

Defina ordem econômica internacional e regional.

Fale sobre a OCDE e dê o exemplo de um tratado em seu âmbito.

Fale sobre a OMC.

Há hierarquia entre tratados e decretos nacionais? O que é cláusula do tratamento nacional?

Aprovado para a fase oral 151

PERGUNTAS DA PROVA ORAL – CONCURSO PGFN 2012 – DIREITO FINANCEIRO E DIREITO ECONÔMICO
O que é o superávit financeiro? Como ele está classificado na Lei 4320?
Pode o superávit ser utilizado para cobrir despesa de pessoal?
É possível a realização de uma operação de crédito para custear uma despesa de pessoal?
A despesa de pessoal de empresa pública e sociedade de economia mista integram o orçamento da união?
Quando um Poder não respeita os limites com despesa de pessoal, é possível a aplicação das sanções previstas no art. 23 da LRF?
No limite de despesa de pessoal da União, inclui-se as despesas com pessoal do Banco do Brasil?
Diferencie empresa controlada de empresa dependente.
É possível que um ente da federação peça empréstimo a instituição financeira para custear suas despesas correntes? Há previsão legal e constitucional? Ou só uma ou outra?
O que são fundos? Possuem personalidade jurídica? Há transferência de responsabilidade ao seu ente criador?
Como ocorre o pagamento dos juros da dívida pública?
Fale a respeito da antecipação de numerário. Qual a relação dele com os cartões corporativos?
Fale sobre a intervenção do Estado na ordem financeira. Diferencie a atuação da Caixa Econômica Federal e do Banco do Brasil.
É legítimo o Presidente determinar ao dirigente do Banco do Brasil para reduzir a taxa de juros como forma de regular o mercado? Que outras formas o Estado teria para reduzir a taxa de juros do mercado?
É legítimo o Estado fixar um limite para a taxa de juros?
Qual a rubrica e a origem dos recursos para pagamento dos juros da dívida externa?
Na Lei de Responsabilidade Fiscal, o montante de gastos com pessoal do MPDFT faz parte do limite do DF ou do MPU?
Um cartel internacional pode ser responsabilizado no Brasil? O que é cartel?

capítulo 4

PERGUNTAS DA PROVA ORAL – CONCURSO PGFN 2012 – DIREITO FINANCEIRO E DIREITO ECONÔMICO

Fale sobre o acordo de leniência e sua importância no sistema.

Qual o impacto que ocorre no orçamento quando um ente paga antecipadamente os juros de uma dívida pública? Qual a receita que pode ser utilizada para esse tipo de pagamento?

Os estados podem abater o valor que recolhem dos seus servidores, a título de imposto de renda, nos gastos com despesa de pessoal? Ou seja, podem considerar apenas o valor líquido do gasto?

Fale sobre a diferença entre taxa e tarifa. Qual a natureza jurídica da zona azul?

O que é União Aduaneira e Tarifa Externa Comum?

No Mercosul, há necessidade de uniformidade da legislação, ou permite-se a manutenção de especificidades locais?

Há possibilidade de circulação de pessoas no Mercosul?

Fale sobre o Dumping e a CAMEX.

Há possibilidade de compensar precatórios com tributos?

É possível utilizar recursos do ICMS para o pagamento de energia elétrica?

É possível que a União empreste valores do Banco do Brasil? Existe lei proibindo?

PERGUNTAS DA PROVA ORAL – CONCURSO PGFN 2012 – DIREITO ADMINISTRATIVO

As decisões do TCU fazem coisa julgada? E coisa julgada administrativa? O judiciário pode julgar questões técnicas decididas pelo TCU?

O que é o regulamento autônomo? É possível este regulamento criar direitos e obrigações?

Qual a diferença entre concessão e permissão de serviço público?

As ilhas privadas são bens públicos?

O que diferencia o convite das demais modalidades licitatórias?

O que é licitação internacional?

Aprovado para a fase oral 153

PERGUNTAS DA PROVA ORAL – CONCURSO PGFN 2012 – DIREITO ADMINISTRATIVO
Como você explica a coexistência, em pessoas jurídicas de direito público, de empregados públicos e servidores públicos?
É possível que a administração dê em locação um bem público por prazo indeterminado?
Quais os efeitos do ato administrativo anulador de outro ato?
O que é poder extroverso?
Em relação à Consultoria Jurídica do Ministério da Fazenda, como fica a PFN e AGU, em termos administrativos?
Diferencie Princípio do Controle e Princípio da Hierarquia.
Fale sobre a reponsabilidade extracontratual do Estado.
O segundo colocado em uma licitação pode ser contratado? Em que hipóteses? Na proposta do vencedor ou na sua própria? E no pregão?
O que é um "ato irregular"? Gera efeitos? É diferente de um ato nulo/anulável?
Diferencie autorização, permissão e concessão de uso de bens públicos. Qual desses é necessário para um restaurante colocar mesas na calçada da rua? E para funcionar um restaurante privado dentro de um prédio público?
O que é um agente político?
Há direito de resistência no direito administrativo brasileiro?
Sociedade de economia mista pode ser contratante em uma PPP?
Uma sociedade de economia mista que exerce atividade econômica faz parte da administração pública sob o critério material?
Servidor público em estágio probatório pode perder o cargo sem que lhe seja assegurado o contraditório e ampla defesa?
O poder judiciário pode revogar atos discricionários?
Fale sobre o sistema de registro de preços.
A revogação dos atos gera direitos adquiridos?
Diferencie licitação deserta de fracassada.

PERGUNTAS DA PROVA ORAL – CONCURSO PGFN 2012 – DIREITO ADMINISTRATIVO
Um servidor em comissão que foi exonerado por inassiduidade, e, após um tempo, verificou-se a falsidade do motivo, tem direito a retornar ao cargo?
Ato inválido gera efeitos?
A administração pode negar a realização de uma manifestação em local público?
Agente terceirizado pode ser considerado agente de fato?
Qual o princípio que fundamenta a prévia e justa indenização na desapropriação?
Quem comete ato de improbidade administrativa?
O que é cargo público?
Existe repartição de riscos na parceria público-privada?
O parecer jurídico isoladamente produz efeitos jurídicos?
O edital de licitação pode indicar marca?
Município pode restringir o acesso à praia para proteger o ambiente?
OSCIP e OS pertencem à administração pública orgânica?
Diferencie foro e taxa de ocupação.
Alguma modalidade de licitação pode ser realizada sem prévio orçamento?
Servidor público pode cumular aposentadorias?
O Procurador Geral da Fazenda é vinculado ao Advogado Geral da União?
O Advogado Geral da União pode ir contra as ordens técnicas do Procurador Geral da Fazenda Nacional?
Os atos legislativos podem gerar responsabilidade civil do Estado?
É possível o controle jurisdicional dos atos políticos e dos atos de governo?
A Administração pública pode condicionar a liberação de um veículo apreendido ao pagamento das multas existentes?
Quais as consequências do fato do príncipe nos contratos administrativos?

Aprovado para a fase oral   155

PERGUNTAS DA PROVA ORAL – CONCURSO PGFN 2012 – DIREITO ADMINISTRATIVO
É possível a restrição de uso de bens públicos de uso comum?
Existem exceções à irredutibilidade de subsídios?
Os magistrados respondem com base na Lei de Improbidade Administrativa?
Fale sobre a Parceria Público Privada.
Na modalidade de concessão patrocinada, é possível o poder público remunerar 100% o parceiro privado sem que haja participação da tarifa do usuário?
É sempre necessária a constituição da SPE?
Diferencie efetividade de estabilidade.
O administrador é obrigado a seguir o parecer que antecede a minuta do edital de licitação? Qual seria a natureza desse parecer? É possível a responsabilização do parecerista? Em que casos?
Qual o dispositivo legal que estabelece a responsabilidade subjetiva do Estado?
Deixar contribuinte esperando na fila causa dano moral?
Agencia reguladora pode inovar no direito? Fale sobre regulamento autorizado.
Se uma servidora, que está próxima de sua aposentadoria, resolve que não quer mais fazer seus trabalhos com o auxílio de computador, haveria afronta ao código de ética dos servidores públicos federais?
No caso de um servidor ter ciência do resultado de um pleito em desfavor do administrado, e, com pena deste, optar por não lhe dar a notícia, estaria atuando corretamente? Existe preceito expresso que regula este caso no Código de Ética?
De que forma o Tribunal de Contas atua para o controle de atos administrativos? Ele pode sustar atos administrativos? Como ocorre essa sustação?
O que é a deslegalização? O Brasil adota a deslegalização?
Diferencie atividade econômica de serviços públicos.
O que são bens públicos? Há divergência na doutrina a respeito deste conceito? Há algum conceito de bens públicos na ordem jurídica brasileira?

PERGUNTAS DA PROVA ORAL – CONCURSO PGFN 2012 – DIREITO ADMINISTRATIVO
Fale sobre a administração em seu sentido material e formal.
O que são os tipos de licitação melhor técnica e técnica e preço?
Como se dá o uso de bem público por particular? Pode haver revogação/ cancelamento do ato de permissão/concessão etc.? E se for por prazo determinado?
Qual a natureza jurídica do ato de concessão de aposentadoria sob o ponto de vista da manifestação de vontade?
Quais os conceitos de administração pública?
O que são lances intermediários no Regime Diferenciado de Contratação?

PERGUNTAS DA PROVA ORAL – CONCURSO PGFN 2012 – DIREITO EMPRESARIAL
O que é a cisão? Como fica a responsabilidade da sociedade cindida no caso de cisão parcial? E no caso de cisão total? No caso de cisão total há alguma responsabilidade entre as sociedades que surgiram?
O que é transformação? É possível uma S/A se transformar em uma LTDA? Qual o procedimento?
Qual a importância do registro de empresas para a sociedade? Qual hipótese o registro de empresa não possui natureza declaratória?
O que é a teoria do ultra vires? Quais os diplomas normativos que preveem a desconsideração da personalidade jurídica?
Como se caracteriza o empresário? O profissional liberal é empresário? Uma cabelereira é necessariamente empresária? O rural é empresário?
Fale sobre a EIRELI.
O que é a sociedade em comum? Há diferença entre a sociedade em comum, sociedade de fato e sociedade irregular? Qual a outra modalidade de sociedade não personificada?
Fale sobre a sociedade em conta de participação.
O que acontece com a falência do sócio ostensivo? O que acontece com a falência do sócio participante?

Aprovado para a fase oral 157

PERGUNTAS DA PROVA ORAL – CONCURSO PGFN 2012 – DIREITO EMPRESARIAL
O que são sociedades coligadas? Quais as espécies de sociedades coligadas?
O que é sociedade de simples participação? Qual o percentual do capital da sociedade em poder da outra que configura a simples participação?
No tema de sociedades anônimas, conceitue ação.
Qual a diferença entre S/A aberta e S/A fechada? Por que motivos uma pessoa jurídica escolheria ser uma S/A fechada?
O que é uma debênture? O debenturista só tem o direito de crédito? Ele tem direito de fiscalizar a sociedade? Um acionista pode ser debenturista? De alguma forma o debenturista pode influenciar a sociedade?
Conceitue empresa. O que é elemento de empresa?
Quais os requisitos para ser empresário? Um incapaz pode ser empresário? Um Procurador da Fazenda Nacional pode ser empresário? E sócio?
O artigo 135, do CTN, é caso de desconsideração da personalidade jurídica?
O que é falência? Quais são os seus requisitos? Quais os atos do empresário que dão ensejo ao processo falimentar?
O que é termo legal? O que é o período suspeito?
Fale sobre o mercado de balcões e a bolsa de valores.
As ações constituem títulos de crédito?
Como se dá a fiscalização das S.A.?
Conceitue Sociedade Empresária. Quando tem início a personalidade jurídica da Sociedade Empresária? Qual a importância da regularidade do registro para o empresário?
Fale se é possível uma Pessoa Jurídica sócia de outra ser atingida pela desconsideração da pessoa jurídica.
Explique a alienação fiduciária e compare-a ao leasing. O VRG pode ser antecipado?
Fale sobre a teoria da aparência. A teoria da aparência pode mitigar a aplicação da teoria ultra vires?
Discorra sobre os objetivos do procedimento da falência.

capítulo 4

PERGUNTAS DA PROVA ORAL – CONCURSO PGFN 2012 – DIREITO EMPRESARIAL

Pessoa jurídica pode ser sócia de EIRELI?

Quais os tipos de nomes empresariais? Qual a sociedade limitada adota? Como se dá a assinatura?

Quais os princípios fundamentais relacionados ao nome empresarial?

O que é depósito elisivo? Quando é possível?

A Fazenda Pública pode requerer a falência?

Fale sobre a evolução da teoria da empresa.

A teoria da empresa veio substituir a teoria subjetivista ou a teoria de atos de comércio? Quando ela surgiu no Brasil?

O que é estabelecimento? Quais são os atributos do estabelecimento? Para que servem os atributos do estabelecimento? O estabelecimento pode ser alienado? Qual o meio jurídico? Como fica a responsabilidade do adquirente e alienante?

Há alguma hipótese em que sociedade anônima não é sociedade de capital?

Em que consiste a sociedade cooperativa e quem responde no caso de uma desconsideração?

PERGUNTAS DA PROVA ORAL – CONCURSO PGFN 2012 – DIREITO CIVIL

Qual a diferença entre indivisibilidade e solidariedade?

No caso de morte de um dos solidários, a solidariedade é mantida? No caso da conversão em perdas e danos é mantida a solidariedade? E a indivisibilidade?

O que é a teoria da imprevisão? O juiz pode aplicá-la de ofício?

Qual a natureza jurídica da quitação? Ato ou negócio jurídico?

O que é a novação? Havendo novação, as cláusulas acessórias da antiga obrigação são mantidas na nova obrigação?

O fato jurídico depende de elemento de validade? Quais são os elementos de existência e validade do negócio jurídico?

PERGUNTAS DA PROVA ORAL – CONCURSO PGFN 2012 – DIREITO CIVIL

Como se caracteriza a fraude contra credores? Quais são as hipóteses em que se pode presumir a má-fé na fraude contra credores? É causa de nulidade ou anulabilidade do ato jurídico?

O que significa interpretar o negócio jurídico conforme a boa-fé?

Conceitue ato jurídico perfeito, coisa julgada e direito adquirido.

O que é redução do negócio jurídico?

O que é a teoria dos atos próprios?

Existem condições ilícitas? Dê exemplos.

Diferencie estado de perigo e lesão.

O que é condição resolutiva?

O que é direito?

O que é repristinação e efeito repristinatório?

Quais as formas de integração no direito brasileiro?

O que é equidade?

Uma lei posterior geral revoga uma lei anterior especial? Sempre?

Pode haver promessa de doação?

Quais os deveres anexos dos contratantes?

A impenhorabilidade do bem de família pode ser oposta à Fazenda Pública? É possível a renúncia à impenhorabilidade?

Qual a natureza jurídica das árvores plantadas para fins de reflorestamento e posterior revenda da madeira em propriedade particular? Se penhorada a propriedade rural, poderia o proprietário dispor das árvores?

Diferencie obrigação alternativa de obrigação facultativa.

A cláusula penal pode ser reduzida de ofício?

Na cessão de crédito é preciso consentimento do devedor? Operada a cessão, em que hipóteses o novo credor pode recusar o pagamento feito ao antigo?

PERGUNTAS DA PROVA ORAL – CONCURSO PGFN 2012 – DIREITO CIVIL

A desconsideração da personalidade jurídica pode ser decretada de ofício pelo juiz?

O que o PFN deve requerer em uma situação de aplicação de multa trabalhista por descumprimento de lei de uma empresa insolvente?

Fale da responsabilidade civil por omissão.

Quando ocorre o início dos juros de mora e da correção monetária em responsabilidade extracontratual?

Se o SPC negativar sem avisar, de quem é a responsabilidade? E se negativar sem razão?

Quais os requisitos da usucapião rural? O imóvel maior que 50ha pode ser fracionado para fins de usucapião rural?

O que é direito de sequela?

Há possibilidade de cláusula que preveja o direito de arrependimento em promessa de compra e venda?

Como o cônjuge pode defender sua meação?

Fale sobre a responsabilidade por danos ambientais.

Em caso de dano provado por menor antecipado, devem os pais serem responsabilizados?

Na responsabilidade do empregador por atos praticados pelo empregado, exige-se dolo ou culpa?

O imóvel desocupado pode ser bem de família?

Qual a diferença entre benfeitorias e acessões? As benfeitorias provocam a aquisição da propriedade?

Um bem registrado no nome de uma pessoa jurídica pode ser considerado bem de família?

Diferencie arras penitenciarias das confirmatórias.

Fale sobre a boa-fé objetiva nos contratos e os deveres anexos.

Fale sobre a dação em pagamento.

Nas obrigações incertas, o que é concentração?

Aprovado para a fase oral 161

PERGUNTAS DA PROVA ORAL – CONCURSO PGFN 2012 – DIREITO CIVIL

Cite exemplo de ação imprescritível. Em que hipótese a ação declaratória prescreve?

Como o Código Civil de 2002 regulou os prazos prescricionais do Código anterior? Como ficou a situação transitória?

É possível a renúncia de prescrição e decadência?

É possível a renúncia de decadência legal?

É possível existir direitos imprescritíveis?

O Código Civil de 2002 mudou o sentido do instituto da personalidade da pessoa jurídica e da pessoa física?

É possível anular negócio jurídico por fraude à execução em embargos de terceiro?

Fale sobre os elementos constitutivos e de validade do negócio jurídico.

O que é reserva mental?

O que é simulação relativa e absoluta?

PERGUNTAS DA PROVA ORAL – CONCURSO PGFN 2012 – DIREITO PROCESSUAL CIVIL

Qual a diferença entre título executivo judicial e extrajudicial? Há título judicial que não tenha origem em decisão judicial? A sentença arbitral é um título judicial ou extrajudicial? Qual o âmbito de impugnabilidade numa execução de título judicial e extrajudicial?

O que é ação? Porque a ação é um direito público? Porque é um direito abstrato?

Quais são as condições da ação? O que é a legitimidade para a causa? Possui legitimidade para a causa apenas aquele que sofreu lesão direta em seu bem jurídico? Na legitimidade ordinária apenas aquele que sofreu a lesão no bem jurídico que tem legitimidade?

Quem é o legitimado para ajuizar uma ação popular? É possível aplicar o procedimento ordinário na ação popular? O procedimento ordinário é a regra na ação popular?

PERGUNTAS DA PROVA ORAL – CONCURSO PGFN 2012 – DIREITO PROCESSUAL CIVIL
O que é jurisdição? É necessária a existência de conflito para caracterizar a jurisdição? O que é inevitabilidade da jurisdição?
Quais as modalidades de liquidação da sentença? A apresentação de memória de cálculo é modalidade de liquidação?
Qual a competência para a execução?
Quais as modalidades de fraude existentes? Como é alegada a fraude à execução?
O que é sentença e como deve ser elaborada pelo juiz para evitar nulidades?
Diferencie coisa julgada material da formal.
O que é uma competência funcional? Dê exemplos de competência funcional vertical e horizontal.
Existe competência funcional-territorial?
Qual o instrumento para a arguição de incompetência relativa? Aplica-se o prazo em quádruplo?
Na execução para entrega de coisa é necessário garantir o juízo para embargar?
Qual a medida adotada pelo juiz na execução de entrega de coisa? Cabe astreinte? Ele tem discricionariedade para escolher a medida?
Como a parte ré alega conexão?
Diferencie ação condenatória e executiva lato sensu, especialmente sob o aspecto de sua forma de execução.
O que é ação popular? Cabe ação popular em direito tributário? Quais os argumentos de defesa caso fosse ajuizada ação popular contra ato do CARF favorável aos contribuintes, mas que pudesse prejudicar a coletividade?
Qual a coisa julgada formada na ação popular? Há diferença entre a coisa julgada *secundum eventus litis* e a coisa julgada *secundum eventus probationis*?
Quais os pressupostos processuais de existência e de validade do processo?
Como ocorre a execução de título extrajudicial? E os embargos?

Aprovado para a fase oral 163

PERGUNTAS DA PROVA ORAL – CONCURSO PGFN 2012 – DIREITO PROCESSUAL CIVIL
É correto afirmar que a Fazenda Pública possui privilégios processuais?
Qual o motivo da retirada do cabimento da dúvida nos embargos de declaração?
A Fazenda Pública pode opor embargos à execução? Quais os argumentos possíveis de serem alegados?
Quais as modalidades de defesas do réu? O art. 188 se aplica para todas as defesas?
Relacione contestação com reconvenção.
O que é o princípio da concentração da defesa?
A incompetência absoluta é uma exceção? O autor pode alegar incompetência relativa, impedimento ou suspeição?
Fale sobre a evolução do CPC em relação ao Cumprimento de sentença e o que é sincretismo processual.
Qual a defesa do réu no cumprimento de sentença?
A execução contra a Fazenda Pública se dá de forma sincrética?
Fale a respeito dos prazos no processo eletrônico.
Quais são as prerrogativas de prazo da Fazenda Pública? É possível combinar o prazo em dobro dos litisconsortes com procuradores diferentes com a prerrogativa de prazo em dobro ou em quádruplo da Fazenda Pública?
Caso o oficial de justiça, por três vezes, compareça ao endereço do executado na execução fiscal sem encontrá-lo, verificando, porém, a existência de um carro pertencente ao executado, deve tomar que providência? Deve ser requerida alguma espécie de citação?
Explique qual a teoria de distribuição do ônus da prova adotada pelo CPC.
A jurisprudência aceita a distribuição dinâmica? Qual o momento adequado para inversão do ônus?
O que é princípio da comunhão? O que persuasão racional? Fale dos sistemas de valoração das provas.
Quais sobre as espécies de agravo? Diferencie peças obrigatórias, necessárias e facultativas.

PERGUNTAS DA PROVA ORAL – CONCURSO PGFN 2012 – DIREITO PROCESSUAL CIVIL
Da decisão que antecipa a tutela recursal ou que converte o agravo em retido cabe recurso? Qual o sucedâneo recursal? Em quantos dias o agravante deve comunicar a interposição ao juízo a quo? E se não comunicar, quais as consequências?
Quais as formas de liquidação?
Fale sobre a ação monitória em face da Fazenda Pública.
Em uma alienação litigiosa, o adquirente pode ingressar na lide. Pode atuar de outra forma? E qual o procedimento se o alienante morrer?
Diferencie denunciação a lide e chamamento ao processo.
Fale sobre a ação rescisória, abordando a competência, o juízo rescisório e o rescindendo.
Quais os pressupostos de admissibilidade do recurso?
Fale sobre o princípio da fungibilidade recursal.
O que seria prova indiciária? Qual a diferença entre indício, presunção e regra de experiência?
A que visa a ação rescisória? A coisa julgada formal pode ser rescindida pela ação rescisória? Pode haver antecipação de tutela na ação rescisória?
O que seria a proibição da reformatio in pejus? Se aplica aos embargos de declaração?
O que é revelia?
Na exceção de suspeição, o juiz é condenado em custas e em honorários? O juiz pode recorrer da decisão do Tribunal? Pode haver produção de provas e, se sim, o juiz também pode produzir?
Como se dá a competência nos juizados especiais federais? A Fazenda Pública possui prazo diferenciado?
As decisões nos juizados, considerando que ele trabalha com um procedimento sumarizado, podem ser consideradas carentes de cognição exauriente?

Aprovado para a fase oral **165**

PERGUNTAS DA PROVA ORAL – CONCURSO PGFN 2012 – DIREITO PROCESSUAL CIVIL

Cabe Recurso Extraordinário das decisões de primeira instância dos juizados especiais? Qual o recurso cabível das sentenças? É possível se recorrer adesivamente?

Há algum exemplo de competência territorial absoluta?

O que é o princípio da *perpetuatios jurisdictionis*? Como ele se dá? Ele possui exceções? Quais seriam?

Fale sobre sucessão e substituição processual, tanto na execução quanto no processo de conhecimento.

Fale sobre a competência territorial no que se refere ao ajuizamento de execução fiscal.

Fale sobre o pedido contraposto nos juizados especiais.

O que é coisa julgada? Diferencie coisa julgada e trânsito em julgado.

É cabível suspensão de segurança no mandado de segurança? Cabe contestação em mandado de segurança? Qual a inovação que trouxe a nova lei de mandado de segurança?

O que é tutela antecipada?

Em execução fiscal, é possível o redirecionamento contra sócios? Em que momento? É possível pelo mero inadimplemento? É possível responsabilizar os sócios do momento do fato gerador ou o da dissolução irregular? Qual o prazo de prescrição para promover esse redirecionamento?

A CDA pressupõe um prévio processo de conhecimento?

Qual é o entendimento acerca da suspensão de 180 dias após a inscrição em dívida ativa? Aplica-se a que tipos de créditos na execução fiscal?

Há reexame necessário de sentença que extingue a execução fiscal reconhecendo a prescrição contra a Fazenda Pública?

O que é reconvenção? O autor (reconvindo) pode opor exceção de incompetência relativa na resposta à reconvenção? No caso de incompetência absoluta para a reconvenção, qual a providencia a ser adota pelo juiz?

Se o réu reconvém e não contesta, ocorre a revelia? E seus efeitos?

O que é exceção? O que é exceção dilatória e peremptória?

5

AS DEMAIS FASES DO CONCURSO DA PGFN: PROVA DE TÍTULOS E SINDICÂNCIA DE VIDA PREGRESSA

Após a divulgação do resultado definitivo da prova oral, tinha a certeza de que já havia ultrapassado os obstáculos mais difíceis do concurso, sendo aprovado nas etapas que mais exigiam do candidato o conteúdo jurídico e toda uma preparação física e mental. Sente-se, aqui, um misto de alívio e sensação de dever cumprido. No entanto, o concurso ainda não estava encerrado, havendo, ainda, mais duas fases a serem concluídas, a prova de títulos e a sindicância de vida pregressa.

No concurso para Procurador da Fazenda Nacional de 2012, com o resultado definitivo da prova oral, os candidatos foram convocados para apresentação de títulos e documentos referentes à sindicância de vida pregressa. Conforme cronograma do concurso para Procurador da Fazenda Nacional de 2015, no entanto, houve uma inversão de fases, de forma que a prova de títulos e a sindicância de vida pregressa ocorrem antes da realização da prova oral.

A prova de títulos corresponde a uma fase de caráter apenas classificatório, com pontuação máxima de 30,5 pontos. Ou seja, o intuito desta fase é privilegiar os candidatos que possuem outras qualificações, tais como experiências profissionais pretéritas na área jurídica ou na área acadêmica, especialização de estudo, aprovações em outros concursos etc., indo além do mérito nas provas realizadas nas demais etapas do concurso, ocasionando, assim, uma eventual alteração da ordem de classificação no concurso após a soma dos mencionados pontos.

Assim, dentre as qualificações previstas no edital para o concurso de Procurador da Fazenda Nacional de 2015, observa-se a pontuação para aqueles que já exercerem o magistério superior ou atividade profissional na área jurídica; possuem livros ou artigos jurídicos publicados; possuem curso de doutorado, mestrado ou especialização *stricto sensu* na área jurídica; tenham sido aprovados em outros concursos de cargo privativo de bacharel em Direito; graduados em outro curso que não o Direito; participados como membro de banca examinadora de concurso público ou concluído estágio na Procuradoria-Geral da Fazenda Nacional. Em síntese, a pontuação ocorre da seguinte forma:

As demais fases do concurso da PGFN   169

PROVA DE TÍTULOS – PROCURADOR DA FAZENDA NACIONAL		
TÍTULO	VALOR UNITÁRIO	VALOR MÁXIMO
Exercício do magistério superior, em disciplina da área jurídica, desenvolvido em Instituição de Ensino Superior pública ou particular reconhecida pelo MEC.	0,5 por ano completo sem sobreposição de tempo	2,5
Exercício profissional de consultoria, de advocacia contenciosa, de assessoria e de diretoria em atividades eminentemente jurídicas, privativas de bacharel em Direito.	1,0 por ano completo sem sobreposição de tempo	10,00
Exercício de cargo, emprego público ou função pública privativos de bacharel em Direito, excetuados os títulos já pontuados na linha acima.	1,0 por ano completo sem sobreposição de tempo	
Livros publicados, de autoria individual, no âmbito da ciência jurídica.	0,5	2,0
Artigos, pareceres, ensaios e trabalhos jurídicos, todos de autoria individual, constante de publicação especializada em Direito que possua Conselho Editorial.	0,5	
Diploma, devidamente registrado, de conclusão de doutorado em Direito. Também será aceito certificado/declaração de conclusão de doutorado em Direito, desde que acompanhado do histórico do curso.	5,0	5,0
Diploma, devidamente registrado, de conclusão de mestrado em Direito. Também será aceito certificado/declaração de conclusão de mestrado em Direito, desde que acompanhado do histórico do curso.	2,5	5,0

PROVA DE TÍTULOS – PROCURADOR DA FAZENDA NACIONAL		
TÍTULO	VALOR UNITÁRIO	VALOR MÁXIMO
Certificado de curso de pós-graduação em nível de especialização, com carga horária mínima de 360h/a, em Direito. Também será aceita a declaração de conclusão de pós-graduação em nível de especialização em Direito, desde que acompanhada de histórico escolar, com carga horária mínima de 360 h/a.	0,5	2,5
Aprovação em concurso público para cargo ou emprego público privativo de bacharel em Direito.	0,5	1,5
Conclusão de curso superior, exceto em Direito, em Instituição de Ensino Superior pública ou reconhecida pelo MEC.	0,5	0,5
Participação como integrante (membro) de banca examinadora, em concurso público para provimento de vagas no magistério jurídico universitário.	0,5	1,0
Participação como integrante (membro) de banca examinadora, em concurso público para cargos da magistratura, do Ministério Público ou de Instituição à qual incumba advocacia de Estado.	0,5	
Conclusão de estágio na Procuradoria-Geral da Fazenda Nacional	0,25 por ano completo sem sobreposição de tempo	0,5

Considerando que, em média, os candidatos aprovados no concurso de Procurador da Fazenda Nacional não possuem uma grande experiência acadêmica e profissional, no sentido temporal, dificilmente se atinge uma significativa quantidade de pontos nesta fase. Por exemplo, no concurso de 2012, apenas dois candidatos, dos mais de trezentos, atingiram mais de dez pontos (dez e onze pontos, respectivamente).

Feliz por me encontrar nesta etapa do concurso e por estar diante da quase certa e tão sonhada aprovação, enviei meus títulos. Após longo período de espera, com a divulgação do resultado, atingi a nota de 3,5 pontos, o que foi suficiente não só para não perder posições, como para ganhar algumas.

É certo que, neste momento, diante de todas as adversidades e obstáculos superados, o que menos gera preocupação é a classificação, sobretudo devido ao fato de, historicamente, os concursos das carreiras da Advocacia Geral da União serem bastante rotativos e terem o costume de nomear todos os aprovados, como aconteceu no meu concurso. No entanto, a classificação interfere, diretamente, na escolha da lotação do candidato, bem como na lista de antiguidade na carreira para fins de promoção e remoções futuras.

Ultrapassada mais esta fase, restava, apenas, a sindicância de vida pregressa. Diferentemente da fase de títulos, que é classificatória, esta possui apenas caráter eliminatório. Tem por intuito realizar uma verdadeira análise da vida do candidato no intuito de averiguar se ele possui a idoneidade moral necessária ao exercício deste cargo público.

Para tanto, além de certidões e folha de antecedentes criminais, o candidato deve enviar declarações de magistrados, professores universitários, membros das carreiras da Advocacia Pública, e outras autoridades ou advogados, com o intuito de atestar a sua idoneidade moral e declararem o correto comportamento social do candidato.

Ainda que, por óbvio, soubesse que não possuía antecedentes criminais e possuía a idoneidade moral necessária, tendo encaminhado à banca todos os documentos e informações exigidos, é certo que, por se tratar de uma fase eliminatória, sempre há uma ansiedade e expectativa no candidato para que, finalmente, possa respirar aliviado e comemorar, de forma definitiva, a sua aprovação.

Devidamente atestada a minha idoneidade, fora divulgado o resultado final do concurso, seguido da respectiva homologação, inaugurando-se, assim, um momento novo e totalmente oposto ao vivido até aqui. Restava comemorar bastante a minha conquista e aguardar, com muita ansiedade e expectativa, a tão sonhada nomeação.

6

APROVAÇÃO FINAL, NOMEAÇÃO E POSSE

Até a divulgação do resultado final do concurso, o candidato passa por verdadeira expectativa e ansiedade. Na verdade, a espera dos resultados de cada uma das fases também gera tais sentimentos. A Escola de Administração Fazendária – ESAF, quando da abertura do concurso, costuma divulgar um cronograma provável, criando a ideia das prováveis datas de realização das provas, divulgação dos resultados etc. Nas primeiras etapas do concurso para Procurador da Fazenda Nacional de 2012, o cronograma fora devidamente cumprido.

No entanto, a partir da fase oral, houve verdadeiro atraso por parte da banca, que não só não cumpriu com o mencionado cronograma, como não divulgou novas informações, deixando os candidatos sem qualquer conhecimento concreto sobre a data da divulgação. Fato semelhante ocorrera quando da divulgação do resultado final. Lembro-me, com clareza, a sensação de acordar todos os dias às seis da manhã para consultar o site da Imprensa Nacional e averiguar se havia alguma publicação referente ao concurso no Diário Oficial da União. Após alguns dias de frustração e muita expectativa, finalmente o grande dia havia chegado.

Sempre tive o costume de, em momentos como este, de grande ansiedade, seja no aguardo pela divulgação de resultados, seja na conferência de gabaritos etc., blindar toda a expectativa de amigos e familiares e me isolar, verificando, assim, sozinho, as informações divulgadas. E assim o foi no dia do resultado definitivo do concurso.

Após um período de tensão e expectativa, verifiquei que meu nome constava dentre os candidatos aprovados. Em seguida, passei a procurar o nome de todos os meus amigos, para ter a certeza de que todos tínhamos, juntos, logrado êxito no certame – afinal, a felicidade só estaria completa se todos que prestaram auxílios mútuos e conviveram com os mesmos dramas e dificuldades tivessem atingidos a tão sonhada aprovação. Com a certeza do resultado positivo de todos, passei a contar a boa notícia aos meus familiares.

Após um misto de gritos e emoções, enxerguei nos olhos dos meus pais a emoção que sentiam e ouvi palavras do quanto estavam orgulhosos de mim por esta conquista. O resultado, certamente, não se originou apenas do meu esforço e estudo pessoal, mas foi essencial e indispensável para o meu sucesso toda a educação que recebi dos meus pais e do apoio incondicional dos meus irmãos e familiares, que, sempre, estiveram ao meu lado em todas as dificuldades, motivando-me e me ensinando que tudo na vida é feito através de escolhas e de desafios e que, com muito esforço e dedicação, temos o merecimento e conseguimos alcançar o que almejamos.

Estavam orgulhosos de mim, mas, na verdade, eu que tenho orgulho e gratidão por todo o carinho, atenção, apoio e educação que me foi dado, e por ter tido o merecimento de pertencer a uma família tão especial.

O meu primeiro ato pós-aprovado foi realizar algo que não fazia há muito tempo, o lazer, e com outra pessoa que, do mesmo modo, foi essencial em minha aprovação, minha namorada, hoje esposa. Ao longo de toda a minha caminhada, sempre foi companheira, compreensiva e carinhosa, entendendo que toda a dedicação por mim empreendida ao estudo era necessária e, por vezes, inclusive, em alguns finais de semana, estudava comigo, sempre me motivando e levantando o meu ânimo quando passava por momentos de dificuldade.

Pude compensar, naquele dia, todos os finais de semana e feriados em que tínhamos aberto mão de uma programação a dois para que eu pudesse me dedicar aos estudos, sobretudo nas últimas fases do concurso. Se o ambiente de concurso público é desgastante para o candidato, certamente também o é para a companheira, exigindo-se uma verdadeira tarefa conjunta para que, juntos, possam, com muita sabedoria, aprender a administrar toda aquela situação única e desgastante.

E foi neste clima de lazer e comemoração, junto a uma pessoa especial, que pude relembrar de todo o esforço e dedicação que havia realizado para estar, ali, vivendo aquele momento único. Senti a real satisfação e sentimento de dever cumprido, sabendo que todo aquele esforço e dificuldades vivenciados ao longo da minha preparação e das etapas do concurso só valorizaram, mais ainda, a minha vitória, e que tudo valeu a pena. Retira-se um verdadeiro peso das costas, substituindo toda a ansiedade, pressão e angústia por alegria e descontração, restando ao candidato, agora, apenas a tarefa de aguardar a sua nomeação.

Alguns meses após o resultado do concurso, quando me encontrava em verdadeiro período de descanso e não estudava para qualquer outro concurso, fui surpreendido e agraciado com outra surpresa, a minha nomeação para Técnico do Seguro Social junto ao Instituto Nacional do Seguro Social. Pude vivenciar o momento único da primeira nomeação, primeira posse e primeiro exercício em cargo público, cargo este que, embora por poucos meses, exerci com muito orgulho e dedicação, ultrapassando, novamente, um novo desafio: o da distância. Tendo sido lotado a uma cidade a quase 40 km de distância de minha residência, e cuja estrada possui grande volume de veículos e má conservação, tinha que sair de casa às 5h da manhã.

Ademais, neste ofício, pude conviver, diariamente, com o atendimento aos segurados da previdência social, percebendo o quão carente de informações é a população brasileira, e, neste contexto, o quão importante é a atribuição exercida por um servidor público. Trata-se de verdadeira missão, com enorme responsabilidade, de servir ao público, exigindo-se, nesta tarefa, dedicação, comprometimento e generosidade, pois, muitas vezes, o destino daquelas pessoas se encontra em suas mãos, e não se pode tratá-los como uma simples tarefa automática a ser executada. Embora tenha sido rápida, foi bastante gratificante a minha primeira experiência em um cargo público.

Após poucos meses nessa atividade, no dia 20/06/2013, fui surpreendido com a minha nomeação para o cargo de Procurador da Fazenda Nacional. A princípio, o edital do concurso para PGFN de 2012 previa apenas setenta vagas. No entanto, após grande esforço da comissão de aprovados e de alguns membros da Procuradoria Geral da Fazenda Nacional, tornou-se possível a pronta nomeação de duzentos aprovados. Com a nomeação, veio a certeza que o meu sonho se tornou realidade e conseguiria, de fato, ingressar no ofício da advocacia pública, algo que almeja e perseguia desde as exitosas experiências de estágio.

Ao lado da felicidade, comemoração e gratidão por esta oportunidade, surge, nesta hora, também, o sentimento de expectativa, incerteza e medo do desconhecido. Tal como a estranha situação em que há chuva e sol, aqui havia alegra e tristeza. O cargo de Procurador da Fazenda Nacional não significou apenas uma profissão que eu passaria a exercer, mas uma verdadeira mudança de vida. Como cediço, trata-se de um cargo público federal, de forma que estaria sujeito a me submeter a qualquer que fosse a lotação disponível.

Embora tivesse ciência desde o início dos estudos, apenas quando cheguei próximo da realidade e da iminência de ser Procurador da Fazenda Nacional é que refleti sobre todas as alterações que poderiam ocorrer. Sendo o filho mais novo, morava com os meus pais e, seguramente, seria uma experiência difícil sair de casa e inaugurar uma vida a sós, longe da família, dos amigos e da namorada, em uma cidade distante. Isto sem falar da incerteza de qual cidade seria essa, qual a estrutura que ali encontraria, em quem poderia me apoiar em eventual momento de dificuldade etc.

Lembro-me, claramente, com um verdadeiro misto de felicidade, tristeza, expectativa, angústia e saudade, que me despedi da minha namorada e dos meus familiares e embarquei no avião rumo à Brasília, onde seria realizado um curso de ambientação de duas semanas, sem qualquer certeza do que aconteceria em minha vida. Certamente, mesmo no contexto de comemoração de uma nomeação para um cargo tão nobre, a sensação da despedida talvez tenha sido o pior sentimento que vivenciei ao longo de toda a minha preparação até o exercício do cargo.

Chegando em Brasília, no primeiro dia do curso de ambientação, assinei o termo de posse e, aos 25 anos de idade, tornei-me Procurador da Fazenda Nacional. Mas o cargo não representa apenas um nome imponente e um ótimo subsídio ao final do mês. A partir da assinatura do termo de posse, assumi um compromisso perante toda a sociedade brasileira de exercer com qualidade as minhas funções, defendendo o interesse público durante toda a minha atuação.

Trata-se de tarefa, sobremaneira, difícil. Ao longo da rotina no ofício, lidamos com créditos milionários e devemos ter a certeza de que estamos fazendo tudo o que é possível para tentar salvá-los de eventual extinção e recuperá-los aos cofres públicos. Às vezes, também, lidamos com a frustração da falta de efetividade dos feitos fiscais, mas temos que usar de toda a criatividade e artifícios para encontrar uma saída, dentro da legalidade, que melhor se adeque aos fins públicos.

Enfim, o cargo possui os seus ônus e bônus, mas, mesmo diante de diversas dificuldades enfrentadas ao longo desses três anos, sempre me orgulhei da função que exerço e tenho a certeza de que atuo, em minhas funções, de forma correta e em benefício do interesse público.

Após a assinatura do termo de posse, passei, juntamente com os demais empossados, o restante das duas semanas no curso de ambientação, no qual foram proferidas diversas palestras sobre as atividades atinentes ao cargo, a estrutura da Procuradoria Geral da Fazenda Nacional, os sistemas existentes, as teses de defesa etc. Também, durante este período, realizamos a escolha da nossa lotação. Após tomar conhecimento das cidades que possuíam vagas, elencamos tais cidades em ordem de preferência, de forma que, de acordo com a classificação no concurso e as preferências anotadas, houve a distribuição das cidades de lotação.

Concluído o curso de ambientação, houve uma cerimônia formal de posse, com a presença de autoridades, dentre as quais o Advogado Geral da União, bem como de familiares. No dia seguinte, estava, novamente, dentro de um avião, agora acompanhado dos meus pais, que haviam comparecido à cerimônia de posse, com destino a uma nova cidade, que passaria a ser a minha nova casa a partir deste momento.

Fui designado para atuar na cidade que representou a minha 7ª escolha, em Mogi das Cruzes-SP. Pouco sabia sobre a cidade e baseei a minha escolha em critérios como distância para aeroportos, distância para capital, tamanho da cidade, clima etc. Certamente, Mogi das Cruzes me surpreendeu e, talvez, minha adaptação não tivesse sido tão exitosa se não estivesse em uma cidade com boa qualidade de vida, estrutura de trabalho e Procuradores da Fazenda Nacional de grande qualidade e generosidade, que muito me auxiliaram no início de minhas atividades.

E, nesta cidade, iniciei as minhas atividades. Como havia estagiado na Advocacia Geral da União, já possuía um pouco de familiaridade em trabalhar com grande volume de processos, mas a situação de estar responsável por todos esses processos realmente era novidade.

Os primeiros seis meses de exercício são os mais difíceis e exige do Procurador enorme dedicação não só na realização das atividades, como no aprimoramento e estudo de determinadas matérias, pois grande parte do trabalho é novidade, sobretudo o uso de sistemas, de forma que é bastante diferente o conhecimento da matéria com a sua aplicação prática.

Trata-se, no entanto, de uma atividade extremamente gratificante e com a qual, realmente, me identifico e tenho orgulho de exercê-la e saber que contribuo, ao menos em uma pequena medida, para a defesa do interesse público, combate à sonegação fiscal e recuperação do crédito público.

7

A CARREIRA E SUAS PERSPECTIVAS

Hoje, com três anos de exercício no cargo de Procurador da Fazenda Nacional, tenho orgulho da carreira a que pertenço e que exerce tão importante função na sociedade há mais de um século. Falemos um pouco sobre a carreira.

Conforme excelente estudo do Dr. Aldemário Araújo Castro, membro da Procuradoria Geral da Fazenda Nacional, no período colonial brasileiro, através do Regimento de 7 de março de 1609, havia a importante figura do Procurador dos Feitos da Coroa, Fazenda e Fisco, exercendo as funções de defensor dos interesses da Coroa. No império, por sua vez, com base no Decreto de 18 de agosto de 1831, os chamados Procuradores da Fazenda Nacional tinham por atribuição a promoção de ações executivas em face dos devedores. Ainda no século anterior, por força do Decreto n° 7.751/1909, fora criado o órgão Procuradoria Geral da Fazenda Nacional, com a qualidade de departamento da administração no âmbito do Ministérios da Fazenda.[1]

---

1.   CASTRO, Aldemário Araújo. "A (CENTENÁRIA) PROCURADORIA-GERAL DA

O Decreto-Lei n° 147/67, sucedendo a Lei n° 2.642/1955, é a segunda e a atual lei orgânica da Procuradoria Geral da Fazenda Nacional. Ademais, por força da Constituição da República Federativa do Brasil de 1988, a previsão da Procuradoria Geral da Fazenda Nacional foi alçada ao nível constitucional, na qualidade de órgão de integrante da Advocacia Geral da União – AGU.

A AGU, nos termos do artigo 131, da Constituição Federal, corresponde a uma instituição considerada como função essencial à justiça e que, diretamente ou através de órgão vinculado, representa a União, judicial e extrajudicialmente, cabendo-lhe, nos termos de lei complementar, as atividades de consultoria e assessoramento jurídico do Poder Executivo. Hoje, portanto, a Procuradoria Geral da Fazenda Nacional tem as suas estruturas e funções regidas pela Constituição Federal, pela Lei Orgânica da AGU (LC n° 73/1993) e pela Lei Orgânica da PGFN (Decreto-Lei n° 147/67).

De forma simplificada, deve-se ter em mente que a Advocacia Geral da União é composta por quatro carreiras: Advogado da União, Procurador da Fazenda Nacional, Procurador Federal e Procurador do Banco Central, sendo os dois últimos, de acordo com a legislação, considerados "órgãos vinculados à AGU". Em todas as quatro carreiras, o ingresso nas classes iniciais ocorre mediante concurso público de provas e títulos. Dentre elas, a própria Constituição da República Federativa do Brasil de 1988 entendeu por atribuir competência expressa à PGFN, a quem compete representar a União na execução da dívida ativa de natureza tributária, nos termos da lei.

FAZENDA NACIONAL: SEU PAPEL E SUA IMPORTÂNCIA PARA A SOCIEDADE E PARA O ESTADO". Disponível em: < http://www.aldemario.adv.br/observa/centenariapgfn.pdf>. Consultado em 22 de fevereiro de 2016.

A carreira e suas perspectivas 183

Quando a PGFN fora criada, pela Lei nº 2642/55, ela exercia somente funções administrativas, com responsabilidade pela inscrição em dívida ativa e consultoria do Ministério da Fazenda, cabendo ao Ministério Público Federal a representação judicial da União. Após a Constituição Federal de 1988, a PGFN fora incluída na AGU, sem perder o seu vínculo com o Ministério da Fazenda. Frise-se, inclusive, que, quando da criação da AGU, a CRFB de 1988 previu a possibilidade de membros do Ministério Público Federal optarem por nele permanecer ou migrarem ao novo órgão criado.

Assim, podemos dizer que a Procuradoria Geral da Fazenda Nacional é órgão que possui uma dupla-vinculação. Ou seja, ao passo em que compõe a Advocacia Geral da União e a ela o é tecnicamente e juridicamente subordinada, é administrativamente subordinada ao Ministério da Fazenda. Destarte, questões orçamentárias, estruturais, carreira de apoio, remuneração dos seus membros etc. referentes à PGFN são resolvidos junto ao Ministério da Fazenda. Por outro lado, no âmbito técnico e jurídico, submete-se a PGFN às orientações da AGU, inclusive no que tange às Súmulas por ela emitidas.

Decorre dessa dupla vinculação e da origem histórica também um fato interessante. Via de regra, cabem aos Advogados da União a consultoria e assessoramento de todos os Ministérios da União. No entanto, cabe aos Procuradores da Fazenda Nacional o desempenho das atividades de consultoria e assessoramento jurídicos no âmbito do Ministério da Fazenda e seus órgãos autônomos e entes tutelados.

O cargo de Procurador da Fazenda Nacional é composto por três categorias, a especial, a primeira e a segunda, sendo esta a categoria inicial. A promoção entre as categorias ocorre por meio de concurso de promoção, que leva em consideração os critérios do merecimento e da antiguidade. O subsídio da carreira é, atualmente, fixado pela Lei nº 13.327/2016, que, em seu anexo XXXV, prevê, respectivamente, os valores de R$23.755,37, R$21.008,56 e R$18.283,50. A mesma legislação previu aumentos a ocorrem, anualmente, no mês de janeiro, até 1º de Janeiro de 2019, quando o subsídio passará a ser, respectivamente, de R$ 27.303,70, R$ 24.146,60 e R$ 21.014,49.

De acordo com a lista de antiguidade divulgada pela Procuradoria Geral da Fazenda Nacional em 10/02/2016, a carreira conta, atualmente, com 2038 Procuradores da Fazenda Nacional. Dentre as principais atribuições dos Procuradores, estão a representação extrajudicial e judicial da União em matéria fiscal, englobando a defesa judicial e as execuções fiscais; atividades de assessoria e consultoria jurídica do Ministérios da Fazenda; e atividades atinentes à gestão e administração da Dívida Ativa da União, passando-se por atos como a inscrição do crédito em Dívida Ativa e o Protesto Extrajudicial.

A Procuradoria Geral da Fazenda Nacional tem por missão assegurar recursos para as políticas públicas, no exercício de função essencial à Justiça, recuperando e defendendo o crédito público, primando pela justiça fiscal e garantindo o cumprimento da ordem judicial em prol da sociedade. Conforme dados do "PGFN em números 2015", a Procuradoria, no ano de 2014, foi responsável pela arrecadação direta de mais de 20 bilhões de reais, evitando-se, ainda, uma perda fiscal de mais de 500 bilhões de reais.

Tamanha é a sua importância para a sociedade, que os estudos demonstram que, considerando os dados de 2014, a cada R$1,00 gasto pelo governo federal com a estrutura e manutenção da Procuradoria Geral da Fazenda Nacional, retornam à sociedade e ao Estado cerca de R$18,55. Ademais, considerando as vitórias judiciais e extrajudiciais que evitam as perdas fiscais, o retorno passa a R$ 800,00 a cada R$ 1,00 investido.

Como se vê, a Procuradoria Geral da Fazenda Nacional é instituição essencial à justiça e de enorme importância para a sociedade e para o Estado brasileiro, sendo responsável pela promoção da justiça fiscal, combate à sonegação e recuperação dos créditos públicos, valores estes que possibilitam a manutenção do Estado brasileiro e subsidiam a criação das políticas a serem implementadas em favor da sociedade.

Em que pese ser uma carreira de imensa importância social e cuja atuação causa verdadeiro impacto na recuperação de receitas para a União, a Procuradoria Geral da Fazenda Nacional e as demais carreiras integrantes da Advocacia Geral da União ainda carecem de maior valorização por parte do Governo Federal, no sentido de serem realizados maiores investimentos a fim de conceder uma melhor estrutura do trabalho, em todos os seus sentidos, como na criação de uma carreira de apoio, melhoria de estrutura física, implementação de sistemas modernos etc.

Nos últimos anos, e, em especial, no ano de 2015, inaugurou-se um verdadeiro período de luta pela valorização da advocacia pública, englobando-se a busca pelo aumento de prerrogativas funcionais, a autonomia administrativa e financeira, a paridade de subsídios com outras carreiras jurídicas, a criação de carreira de apoio qualificada e específica às carreiras que compõe a AGU, a melhoria da estrutura física e tecnológica de trabalho etc.

Tal movimento deu origem a uma mobilização nunca vista na história da Advocacia Geral da União. A maioria de seus membros entregaram todas as funções gratificadas que possuíam e os demais se comprometeram a não as assumir. No âmbito da Procuradoria Geral da Fazenda Nacional, mais especificamente, houve paralização no acompanhamento especial de grandes devedores e no núcleo dos temas em acompanhamento especial, de forma a chamar a atenção do Governo brasileiro para a urgente necessidade de melhorias a serem realizadas, bem como o apoio aos Projetos de Emenda Constitucional que versam sobre as carreiras da AGU.

Neste contexto, encontram-se em trâmite, no Congresso Nacional, os Projetos de Emenda Constitucional ° 82/07 e n° 443/09. O primeiro projeto tem por finalidade a alteração do texto constitucional para atribuir autonomia funcional e prerrogativas aos membros da Defensoria Pública, Advocacia da União, Procuradoria Geral da Fazenda Nacional, Procuradoria Geral Federal, Procuradoria das autarquias e às Procuradorias dos Estados, do Distrito Federal e dos Municípios.

A PEC n°443/09, por sua vez, tem por escopo fixar parâmetros para remuneração dos advogados públicos. Conforme texto base aprovado em primeiro turno na Câmara de Deputados, pretende-se fixar o subsídio das carreiras da Advocacia Geral da União, da carreira de delegado da Polícia Federal, das carreiras de delegado de Polícia Civil dos Estados e do Distrito Federal e dos procuradores municipais em 90,25% do subsídio dos ministros do Supremo Tribunal Federal.

Além dos Projetos de Emenda à Constituição, em decorrência da mobilização dos membros das carreiras da AGU por medidas de valorização da advocacia pública, fora editada a Lei n° 13.327/2016, que além de conceder aumento de subsídio, previu, em seu artigo 29, o pagamento de honorários advocatícios sucumbenciais e decorrentes de parcela do encargo legal aos membros da Advocacia Pública Federal (direito previamente reconhecido pelo próprio Código de Processo Civil de 2015) e dispôs, em seu artigo 38 sobre uma série de prerrogativas dos membros da AGU. Ademais, permanecem em trâmite projetos de leis com a finalidade de possibilitar a criação de uma carreira de apoio voltada de forma específica à AGU e com o intuito de garantir o direito ao exercício da advocacia privada de forma concomitante ao exercício do cargo público.

Como se vê, a Procuradoria Geral da Fazenda Nacional é uma carreira que, mesmo diante das mencionadas dificuldades estruturais e da falta de sua valorização por parte do Governo Federal, exerce papel fundamental na sociedade. As perspectivas de melhoria na carreira são reais e já se encontram em vias de serem efetivadas. Certamente, com a implementação das diversas melhorias, a PGFN aumentará a sua eficiência e continuará exercendo, com maestria, a tão nobre função constitucional que lhe foi prevista, retornando ao Estado e à sociedade parcela ainda maior do investimento que lhe é feito.

Tenho orgulho de ser Procurador da Fazenda Nacional e realizo o meu ofício sem nunca se esquecer de toda a dificuldade que passei para chegar a este cargo, o que só me faz valorizar, cada vez mais, o cargo que ocupo. Ademais, tenho, sempre, em mente o compromisso que assumi perante a sociedade brasileira desde o dia de minha posse, de forma que procuro, sempre, me aprimorar e evoluir, para que possa realizar uma atuação completa e eficiente frente aos desafios de minha atuação.

Assim como na caminhada dos concursos públicos, o exercício da carreira pública exige organização e dedicação, e, certamente, ainda existirão muitos obstáculos a serem superados ao longo da vida profissional, e, como sempre fiz, continuarei me preparando para ultrapassá-los.

8

DEPOIMENTOS DE APROVADOS NO CONCURSO DA PROCURADORIA GERAL DA FAZENDA NACIONAL

Ao longo deste livro, sempre ressaltei que inexiste um modo único e ideal de estudar para um concurso público ou realizar um planejamento. Tudo são experiências exitosas ou não já vividas por alguém, cabendo ao candidato avaliá-las, adaptá-las às suas particularidades e delas filtrar e extrair o que melhor lhe aproveite em sua preparação.

Neste sentido, não seria justo limitar o candidato ao acesso, unicamente, ao meu ponto de vista. Desta forma, tive a honra de ser auxiliado por alguns colegas que, prontamente, disponibilizaram-se a contar um pouco de sua experiência, aos quais agradeço imensamente, possibilitando, assim, um maior acesso a informações referentes à escolha do cargo público, preparação para concursos e à carreira da Procuradoria-Geral da Fazenda Nacional, com visões diferentes e ecléticas.

DR. GUSTAVO SOUZA ALVES

Procurador da Fazenda Nacional, lotado na Procuradoria Seccional da Fazenda Nacional em Mogi das Cruzes/SP.

"De início, gostaria de agradecer o convite e a oportunidade conferida pelo grande amigo e excelente profissional Dr. Rodolfo Botelho Cursino, para contar um pouco da minha história e experiência no concurso para Procurador da Fazenda Nacional – cargo que ocupo até o momento.

Pois bem, após a graduação – que ocorreu no ano de 2003, e a aprovação no exame da Ordem dos Advogados do Brasil, no ano de 2004, iniciei minha 'vida de concurseiro', obtendo aprovação para os seguintes cargos públicos: Oficial Judiciário/TJMG, Técnico Judiciário/TRT-MG, Analista Processual/MPU, Analista Judiciário/TRE-MG, Analista Judiciário/TRF-1ª Região, Advogado da União e, no concurso da PGFN/2012, obtive, também, aprovação no para o cargo de Procurador da Fazenda Nacional.

Durante todo período da graduação, realizei estágio no Fórum da Comarca de Piumhi/MG (minha cidade natal) e o trabalho com servidores públicos concursados foi decisivo para que eu colocasse como meta na minha vida profissional também conseguir ser aprovado em concurso e ocupar um cargo na Administração Pública.

Relativamente ao cargo de Procurador da Fazenda Nacional, a intenção de prestar o concurso começou quando trabalhei na Justiça Federal (ano de 2008), momento a partir do qual passei a ter maior contato com matérias ligadas ao trabalho do Procurador da Fazenda Nacional (em especial a execução fiscal e o Direito Tributário).

Por outro lado, a preparação para esse concurso iniciou-se, efetivamente, apenas com a publicação do respectivo Edital (no ano de 2012). Antes disso, os estudos resumiam-se à análise de informativos de Jurisprudência dos Tribunais Superiores.

Importante ressaltar que essa minha preparação talvez não seja a mais indicada, uma vez que o ideal – a meu ver, é a preparação com maior antecedência.

Contudo, considerando que eu ocupava, na Justiça Federal, o cargo de Analista Judiciário e a função de Oficial de Gabinete, o contato e o estudo da Jurisprudência sempre fez parte da minha rotina de trabalho, fato que contribuiu muito para a aprovação no concurso.

A partir da publicação do Edital, montei um planejamento intenso de estudos (de segunda a segunda) – como eu trabalhava das 12h às 19h, tinha a parte da manhã e à noite para os estudos, além, é claro, dos finais de semana.

Foi um período complicado e difícil – como é o de todos aqueles que prestam concurso público. Mas todo objetivo tem suas dificuldades.

Durante minha preparação, fiz apenas 02 (dois) cursos: para a primeira fase, um curso chamado 'reta final', com duração de 02 (dois) meses (que me fez recordar muitas questões importantes, principalmente em relação a disciplinas que eu tinha pouco contato no trabalho), e um curso de poucas semanas para a segunda fase (curso de peças profissionais e pareceres).

Sempre preferi estudar em casa, sozinho. Isso não quer dizer que não recomendo cursos preparatórios. Ao contrário, acredito que eles podem acrescentar muito na preparação do candidato. Mas toda preparação é muito pessoal e cada um sabe como é a melhor forma para se preparar para as provas.

Obviamente, durante esse período intenso de estudos, houve momentos em que cheguei a pensar que não conseguiria a aprovação. No meu caso, além de ter iniciado a preparação de forma efetiva apenas com a publicação do Edital, também estava prestando o concurso para Advogado da União, e, apesar de muitos pontos dos respectivos Editais serem similares, prestar os dois concursos ao mesmo tempo foi uma experiência muito complicada.

Como disse, não aconselho o início da preparação apenas com a publicação do Edital do concurso. No entanto, importante frisar que, desde a graduação, sempre estudei com muita seriedade e disciplina e por este motivo considero que tenho uma boa base teórica, o que também facilitou um pouco na preparação intensa que tive.

Além disso, ressalto, novamente, que o próprio trabalho na Justiça Federal também foi um diferencial e um facilitador nesta preparação. Muitos enunciados da prova retratavam questões que eu vivenciava na prática.

Relativamente à preparação em si, para a primeira fase do concurso, intensifiquei o estudo da lei 'seca' e da própria Jurisprudência. Para a segunda fase, aprofundei o estudo da doutrina e continuei com o estudo dos informativos de Jurisprudência. Em relação à terceira fase (prova oral), revisei todo o material que havia acumulado nos vários meses de preparação, mas não fiz um curso específico para essa fase do concurso.

Quanto às provas, a prova da primeira fase foi, certamente, a mais difícil que já realizei num concurso público. Além de extensa, o nível de exigência foi, de fato, muito alto – principalmente em Direito Processual Civil e Tributário.

A segunda fase também foi difícil. Em primeiro lugar, as 03 (três) provas subjetivas (peças profissionais e perguntas) foram realizadas em apenas 02 (dois) dias – uma prova com duração de cinco horas no sábado e outras 02 (duas), com o mesmo tempo de duração, no domingo. Terminei de responder o último enunciado absolutamente esgotado. Por outro lado, muitas questões exigiam conhecimentos práticos e por isso achei mais fácil (menos difícil para dizer a verdade) do que a prova da primeira fase.

A terceira fase (prova oral) é difícil por si só. Na verdade, achei que as questões não tiveram um grau de dificuldade tão grande. Mas o fato de se tratar de uma prova oral, de pensar que todo o trabalho anterior poderia ser perdido com uma resposta errada ou com o famoso 'branco', torna a realização da prova muito difícil. Por isso que, para mim, por todos esses fatores, a prova oral é a mais complicada de se realizar.

Como eu havia dito anteriormente, não tive qualquer preparação especial ou curso para a realização da prova oral. Na verdade, poucas semanas antes de realizar a prova oral no concurso de Procurador da Fazenda Nacional, eu havia me submetido à prova oral no concurso para Advogado da União. E a aprovação nesse concurso me deu a calma e a tranquilidade necessária para a realização, também com êxito, da prova oral de Procurador da Fazenda Nacional. Na verdade, tentar ficar calmo e tranquilo seria um dos 'segredos' para a realização, com sucesso, da prova oral de qualquer concurso público.

Por outro lado, para quaisquer fases do concurso, outro "segredo" é a concentração. Sempre me mantive focado no meu objetivo. Quando me sentia cansado (e isso ocorreu inúmeras vezes durante a preparação), mentalizava o dia da posse no cargo que sempre almejei. Isso me dava força para continuar a dura e intensa preparação para as provas.

Ao final desta difícil e cansativa jornada e apesar dos muitos obstáculos que enfrentei, consegui aprovação no concurso para Procurador da Fazenda Nacional e tomei posse no ano de 2013.

Ao contrário do que muitos podem pensar, a partir da posse num cargo público, os problemas não terminam, eles apenas tomam outra configuração e dimensão.

Além das questões envolvendo as próprias atribuições e responsabilidades do cargo, há, ainda, várias situações que afetam diretamente a vida pessoal. Por exemplo, raramente, o candidato aprovado conseguirá atuar na cidade em que mora. Assim, o candidato ao cargo de Procurador da Fazenda Nacional já pode ter a consciência de que poderá ter que morar numa cidade distante daquela em que residem seus familiares e amigos de infância. Esta é apenas uma das dificuldades que o candidato aprovado certamente encontrará.

Nesse momento, o apoio dos Amigos e Familiares é muito importante. Sempre tive o apoio incondicional da minha Esposa – tanto durante toda a preparação para o concurso público, quanto após a posse como Procurador da Fazenda Nacional em Mogi das Cruzes/SP (cidade que nunca havia sequer visitado antes). Esse apoio me ajudou muito a superar o início do trabalho numa cidade nova e num cargo público com enorme responsabilidade.

Tenho muito orgulho de ser Procurador da Fazenda Nacional, mas reconheço que a Procuradoria ainda deve evoluir muito visando proporcionar melhores condições para o exercício do cargo. Não me refiro especificamente à remuneração. Acredito que, antes disso, deve-se conferir uma melhor estrutura de trabalho para que o Procurador consiga desempenhar bem a sua função (criação de uma carreira de apoio; sistemas de informática mais eficazes; entre outros).

De toda maneira, sei que avançaremos também nesse aspecto e por isso que seguirei trabalhando com a mesma seriedade e disciplina que sempre fizeram parte da minha personalidade, uma vez que ocupar um cargo público significa aumento de responsabilidade e um grande compromisso com a sociedade e é muito importante ter isso em mente e, principalmente, colocar isso em prática diariamente".

DR. FILIPE AGUIAR DE BARROS.

Procurador da Fazenda Nacional, lotado na Coordenação-Geral de Representação Judicial da PGFN.

"Nunca fui estudioso. Na escola, sempre tive o perfil de simplesmente assistir às aulas (algumas, confesso), preparando-me apenas na véspera para as provas. Não costumava obter as maiores notas da sala, mas era tido como alguém com grande 'facilidade' de aprendizado, notadamente por não fazer o tipo de 'bom aluno'.

No final do segundo grau, diante do desafio do vestibular e já bastante certo de que meu destino seria o Direito, dediquei-me um pouco mais. Os resultados vieram, mas não como eu esperava. Fui aprovado em todos os vestibulares que fiz, mas, apesar de contar com boas notas nas provas objetivas da 1ª e 2ª fases do vestibular da UFPE, obtive uma pontuação muito baixa na redação, retirando minhas chances de obtenção de uma vaga.

A inesperada 'derrota' me surpreendeu e decepcionou, afinal, apesar de péssimo em caligrafia, sempre tive facilidade no desenvolvimento de textos. Naquele dia, ouvi de meus pais e aprendi que nem sempre tudo acontece da forma como esperamos e que estas 'linhas tortas', muitas vezes, levam-nos para caminhos melhores. E realmente levaram!

Ainda um pouco irresignado, iniciei o curso de Direito na UNICAP e, aconselhado por familiares, desde então fiquei atento para a abertura de concursos públicos e cursos preparatórios. Apesar de não ficar bem classificado a ponto de ter chances de ser nomeado, obtive bons resultados e muito conhecimento, sobretudo a partir dos erros, que sempre busquei transformar em aprendizado, evitando, assim, a repetição dos mesmos equívocos. Não focava na faculdade, mas buscava acompanhar as aulas mais interessantes e obtinha boas notas. Pensava em ser Procurador da República.

Paralelamente, comecei a trabalhar, iniciando com estágio voluntário (TJPE) e, em seguida, passando a me submeter a seleções de estágio, que me garantiram ainda mais experiência em provas. Dentre as diversas aprovações, estagiei, efetivamente, na Procuradoria-Regional Federal na 5ª Região, na Procuradoria-Geral do Estado de Pernambuco e na Procuradoria-Regional da República na 5ª Região, adquirindo inestimável e imprescindível conhecimento prático e descobrindo minha preferência pela Advocacia Pública.

No final de 2011, ainda no 6º período do curso de Direito, diante do Edital do concurso para as carreiras de apoio do TJPE, senti-me, pela primeira vez, preparado para buscar não apenas uma aprovação, mas também a garantia de uma nomeação a curto prazo. Dediquei-me por alguns meses desde a publicação do edital, com importante auxílio de curso preparatório focado em resolução de questões. Focava apenas no cargo de Técnico Judiciário, mas resolvi me inscrever também para o cargo de Analista Judiciário, que exige curso superior.

Tal como o resultado do vestibular, o resultado do concurso do TJPE me surpreendeu (e muito!). Entretanto, dessa vez, a surpresa foi positiva: fui aprovado na 1ª colocação para o cargo de Técnico Judiciário e na 19ª colocação para o cargo de Analista Judiciário.

Acompanhado da alegria e do fortalecimento de minha autoconfiança, veio, então, um desafio: estando no 7º período do curso de Direito, como me formar a tempo de poder assumir o cargo de Analista Judiciário, com nomeação iminente? Assumi como Técnico Judiciário e, quando nomeado para o cargo de Analista Judiciário, solicitei prorrogação do prazo para posse, garantindo um prazo adicional de cerca de seis meses para concluir o curso de Direito.

No final de abril de 2012, tive a oportunidade de tomar posse e entrar em exercício na Vice-Presidência do TJPE, na condição de assessor, função que me conferiu grande aprendizado e experiência, seja no campo cível, seja na seara penal, com foco nos recursos excepcionais e, consequentemente, na jurisprudência das Cortes superiores.

Paralelamente, iniciei minha batalha em busca da conclusão do curso, com fundamento no art. 47, § 2º, da Lei nº 9.394/96. Após vários "nãos" e muita insistência, a UNICAP permitiu minha submissão a bancas examinadoras especiais. Foi então que, sem prejuízo de meu trabalho no TJPE, redigi monografia, cursei disciplinas práticas e me preparei para cerca de 10 (dez) provas orais perante bancas examinadoras compostas por 3 professores e "média 8" para aprovação.

No final de agosto de 2012, logo após completar 21 anos de idade, formei-me em Direito, assumindo o cargo de Analista Judiciário do TJPE em seguida. Foi então que me dei conta de que, não fosse meu 'insucesso' no vestibular, não teria logrado tal feito, na medida em que o perfil da FDR/UFPE era totalmente diferente do da UNICAP e certamente teria sido praticamente impossível concluir o curso em tão pouco tempo.

Em meio a esse conturbado período de minha vida, não abandonei os concursos e, impulsionado por mais um excelente resultado (1ª colocação no concurso para Analista do MPPE), resolvi tentar alçar voos maiores, tendo me submetido, sem preparação específica alguma (isto é, valendo-me apenas de minha experiência e conhecimento acumulado), aos concursos para Advogado da CAIXA, Advogado da União e Procurador da Fazenda Nacional.

Apesar de não ter obtido pontuação suficiente para garantir vaga na 2ª fase do concurso para Advogado da União, fui surpreendido por um bom resultado no concurso para Advogado da CAIXA e, sobretudo, pela oportunidade de realizar a

2ª fase do concurso de Procurador da Fazenda Nacional. Neste momento, confesso, recém-formado e aprovado no Exame de Ordem, fiquei feliz com a mera oportunidade de treinar numa prova discursiva de altíssimo nível. Sabia muito bem que minha aprovação se devia, em grande escala, a aspectos relacionados a sorte (passei em razão de apenas 2 acertos), ponto de corte e tempo de duração da prova, que, bastante longa, cansativa e difícil, impediu que diversos candidatos a concluíssem e/ou obtivessem a pontuação mínima geral ou por grupo de matérias.

Após a tensão da análise dos documentos para inscrição definitiva, ciente de meu desnível em relação aos demais candidatos e sem tempo suficiente para alcançá-los, foquei no Direito Tributário e contei com importante auxílio de curso preparatório específico, voltado, em especial, para o estudo de temas de grande relevância para a Fazenda Nacional. Chegado o temido e cansativo fim de semana das provas, talvez por ter pleno conhecimento de que não estava preparado, fui tranquilo e dei o meu melhor, tendo ficado satisfeito com meu desempenho, muito embora esperasse a reprovação em razão de algum ponto de corte ou não classificação dentro do número de vagas previsto para a prova oral.

Novamente, fui surpreendido com o resultado: não apenas garanti minha vaga na prova oral como 'subi' cerca de 200 posições no certame. E, novamente, sobretudo quando me dei conta do altíssimo nível de meus colegas de curso preparatório para a prova oral, tive plena consciência de que não estava preparado.

Foi somente então que consegui, verdadeiramente, focar nos estudos para o concurso de Procurador da Fazenda Nacional, o que me permitiu chegar, no dia da prova, com a segurança de ter concluído boa parte do conteúdo programático. Enfrentei o nervosismo e o alto nível de dificuldade dos questionamentos e, dessa vez, concluí a prova já com o sentimento de que seria aprovado, apesar de não ter tido um bom desempenho em algumas matérias.

Em julho de 2013, aos 21 anos, tomei posse no cargo de Procurador da Fazenda Nacional, no qual continuo até a presente data. Mesmo sem estudar, continuei a fazer concursos, objetivando, principalmente, perspectivas de retorno a Recife/PE, de maior valorização e, sobretudo, ter "cartas na manga".

Como PFN, após curso de formação, atuei, durante poucos meses, em execuções fiscais na PSFN/Osasco e na PRFN/3ª Região (na mesma área), obtendo, em seguida, remoção para o órgão central em Brasília/DF, no qual tive a oportunidade de ser lotado na Coordenação-Geral de Representação Judicial da PGFN (CRJ/PGFN). Objetivava atuar no contencioso perante os Tribunais superiores, mas o destino me conferiu a oportunidade de atuar na área consultiva, outra faceta da citada Coordenação-Geral.

Após importantes meses de experiência nas execuções fiscais e recém-removido para Brasília/DF, passei, então, a atuar como consultor (parecerista) em matéria de direito processual civil e de representação judicial na Coordenação de Consultoria Judicial (COJUD/CRJ), o que me permitiu grande conhecimento da estrutura e atividades da Procuradoria-Geral da Fazenda Nacional e da Advocacia-Geral da União.

O enfrentamento de temas de grande relevância, inclusive na seara legislativa, bem como o constante contato com as diversas áreas de atuação dos Procuradores da Fazenda Nacional, fizeram, aos poucos, nascer em mim a paixão por um cargo pelo qual nunca sonhei. Paralelamente a isso, envolvi-me com questões de interesse da Carreira junto ao SINPROFAZ e demais entidades representativas da Advocacia Pública Federal.

No final de 2014, surgiu a oportunidade de coordenar a referida área consultiva, o que aceitei como desafio. Após alguns meses de rico aprendizado, em meados de 2015, a carreira se viu em meio a histórica mobilização em prol de maior valorização da Advocacia Pública Federal e da necessária estrutura para o desempenho das atividades correlatas, momento em que, acompanhado de centenas de outros colegas por todo o Brasil, requeri minha exoneração do cargo em comissão de chefia, apenas efetivada meses após, o que se sucedeu de período bastante conturbado, cujo desgaste despertou em mim, novamente, o interesse de atuar no contencioso perante os Tribunais superiores, atividade que desempenhei durante alguns meses, até retornar, há pouco tempo, a convite, para o consultivo.

Durante o ano de 2015, ao lado de muitas dificuldades, enfrentamentos, erros e acertos, a Advocacia Pública Federal obteve significativas vitórias no campo político, institucional e legislativo. Em 2016, nosso desafio tem sido, por um lado, a concretização das vitórias do ano de 2015 e, por outro, a retomada de todos os projetos e atividades então paralisados.

Por diversas questões, não posso garantir que me 'aposentarei' dos concursos públicos como Procurador da Fazenda Nacional, mas seguramente posso afirmar, com alegria, que amo o que faço e dificilmente trocaria meu cargo efetivo por qualquer outro, tanto é que tive, recentemente, a oportunidade de retornar a Pernambuco como Defensor Público (DPPE) e requeri final de fila".

DR. ANDRÉ FERNANDO DE OLIVEIRA QUEIROZ

Procurador da Fazenda Nacional, lotado na Procuradoria Seccional da Fazenda Nacional em Piracicaba - SP

"Quando era oficial de justiça, iniciei os estudos almejando um cargo na advocacia pública. Naquela época, estava conseguindo ótimos resultados nas fases objetivas, mas esbarrava nas provas subjetivas. Percebi, assim, que precisava tomar alguma medida para superar tal obstáculo.

A autocrítica é extremamente importante em uma preparação para concursos públicos. O concurseiro deve sempre buscar identificar seus próprios erros e deficiências, para saber exatamente quais barreiras deverão ser superadas. Não pode, jamais, concentrar-se somente no que gosta e naquilo em que vai bem, mas, ao contrário, deve focar na superação dos pontos fracos, pois os concursos públicos são muito concorridos e exigem múltiplas habilidades.

Com o intuito de me dedicar mais aos estudos e superar o obstáculo que dolorosamente havia identificado (a prova subjetiva), após grande reflexão, optei por pedir exoneração do cargo de Oficial de Justiça, abrindo mão, assim, de um bom salário e da estabilidade do serviço público, para advogar durante um período do dia, sem remuneração garantida, e estudar no tempo livre restante (em torno de 40 horas semanais).

É certo que muitos, no meu lugar, escolheriam a opção mais fácil e continuariam no bom cargo de Oficial de Justiça, que também exerce uma importante função para a sociedade. No entanto, o estudo para concursos públicos também exige coragem para perseguir o sonho e para fazer o que for necessário em busca da melhor preparação possível.

Hoje, vejo que a decisão foi correta. A advocacia me ajudou imensamente no aprimoramento da escrita, na obtenção de conhecimento jurídico e, também, na desenvoltura da fala, posto que as audiências judiciais contribuíram imensamente para que ficasse mais seguro e tranquilo nas provas orais dos concursos públicos que participei.

Assim, após algum tempo na advocacia privada e nos estudos, superei minhas deficiências e adquiri habilidades que imensamente me ajudaram a ser aprovado em vários concursos públicos. Três anos depois, fui nomeado para Procurador da Fazenda Nacional, cargo que exerço, hoje, com muita honra e dedicação".

DRA. MARIANA CORRÊA

Procuradora da Fazenda Nacional, lotada na Divisão da Dívida Ativa da União, na Procuradoria Regional da Fazenda Nacional da 3ª Região.

"Todo mundo já deve ter ouvido que passar no concurso de Procurador da Fazenda Nacional não é tarefa fácil. A aprovação requer, é claro, muito estudo e dedicação. A minha experiência, entretanto, me fez perceber que é necessário acrescentar a essas duas tarefas uma terceira, que é o amor à advocacia tributária.

Descobri no segundo ano da faculdade que gostaria de ser Procuradora da Fazenda Nacional. Os colegas com quem conversava achavam que ainda era muito cedo para decidir, pois ainda não estávamos nem na metade do curso. Além disso, eu nunca havia estagiado na PFN para saber, ao menos, quais as atribuições e qual a rotina de trabalho de um Procurador da Fazenda.

Durante muito tempo, eu ainda me perguntei o porquê daquela minha decisão tão prematura. A resposta só veio quando tomei posse e percebi que havia conseguido juntar duas grandes paixões numa só profissão. Ser PFN é ser advogado, antes mesmo de ser servidor público. É defender o Erário com a garra e a perspicácia naturais de um advogado. Portanto, se você é Advogado (com 'A' maiúsculo) e ama o Direito Tributário, você está na carreira certa.

E hoje percebo que ter vocação para o concurso para o qual irá se preparar é um elemento imprescindível para a aprovação. Por isso, o meu conselho ao estudante que deseja prestar o concurso de PFN é que ele faça a seguinte pergunta para si mesmo: eu tenho vocação para a profissão de Procurador da Fazenda Nacional?

Se a resposta for 'sim', pronto! Garanto que você está no caminho certo, pois imagine o quão difícil (e improdutivo) será estudar intensamente uma matéria que você não tem afinidade, ainda mais sabendo que é com ela que você lidará pelo resto da sua vida!

E mais, para os olhos do concurseiro, a felicidade parece ser algo inevitável após a aprovação. Afinal, conquistar-se-á a tão aguardada estabilidade (financeira, profissional, emocional etc.), e será possível dar continuidade aos outros projetos de vida que ficaram em *stand by*. Contudo, alguns fatores como a distância de casa e a burocracia do serviço público podem impactar negativamente no seu bem-estar. E o que lhe dará forças para enfrentar esses percalços é o amor à sua profissão.

Por fim, uma última palavra. Procurem encontrar prazer no estudo. À medida que progridem nas matérias, verão como é confortante acertar mais da metade das questões, depois acertar um caderno inteiro de questões até, finalmente, conseguir a aprovação. Encontrem nos objetivos diários cumpridos, nos aprendizados e nas amizades conquistadas as suas pequenas pílulas diárias felicidade. Bons estudos! ".

DRA. GABRIELA MACHADO

Advogada da União, Coordenadora Nacional dos Juizados Especiais Federais, lotada na Procuradoria-Geral da União.

"A vida de todo 'concurseiro', como todos sabem, é permeada por mais dúvidas do que certezas, mas posso garantir que, com a conclusão dessa fase, restam as boas experiências, amigos e aprendizados.

Quando me formei, em dezembro de 2011, a única certeza que eu tinha era a de que queria ser Procuradora da Fazenda Nacional e o que contribuiu para isso, sem dúvida, foi o meu estágio de dois anos na Procuradoria Regional da Fazenda Nacional da 5ª Região, em que tive a oportunidade de conviver com pessoas extremamente dedicadas ao cargo que ocupavam e com as quais eu pude aprender muito mais do que o direito tributário propriamente dito.

Ocorre que, como qualquer pessoa que acaba de ingressar no mundo dos concursos públicos, eu não me julgava preparada para fazer um concurso desse nível, envolvendo três fases, dentre as quais a tão temida prova oral.

Nesse contexto, entre a publicação do edital e a realização da primeira fase, em julho de 2012, as incertezas foram se intensificando, sobretudo, ao ver alguns amigos sendo aprovados em concursos de Tribunais, para os cargos de analista e técnico, enquanto eu estava focando em um concurso que, a meu ver, estava muito além da capacidade por mim adquirida nesses seis meses de preparação.

Para uns, eu sonhava alto demais; para outros, eu não deveria adiar o sonho de fazer parte da Advocacia Pública Federal. E, apesar de ter mais dúvidas do que certezas, resolvi apostar integralmente no concurso dos meus sonhos. Paralelamente, sem tirar o foco do edital da PFN, faria também as provas para Advocacia-Geral da União, cujo edital havia sido publicado.

Decisão tomada, era o momento de muito estudo e dedicação. Até a primeira fase, foram seis meses muito intensos. Eu estudava três turnos por dia, mas sempre respeitei o meu ritmo e os meus limites, pois o que importa é a concentração e a qualidade da leitura e não o cumprimento de padrões predefinidos de quantidade de páginas que devem ser lidas ou de horas que devem ser estudadas. Ademais, julgo ser o descanso fundamental para que o conhecimento seja sedimentado. Por isso, na minha rotina de estudos, eu aproveitava intensamente o turno da manhã e da tarde, nos quais eu rendia mais, e durante a noite tentava não dormir tarde para retomar a rotina no próximo dia.

Depois de um ano intenso de preparação (ao longo das três fases de ambos os concursos), de muitas angústias, dúvidas, feriados perdidos, noites mal dormidas, veio a tão sonhada aprovação nos concursos da Procuradoria da Fazenda Nacional e da Advocacia-Geral da União.

Foi então que, em 15 de maio de 2013, tomei posse na Advocacia-Geral da União, mas ainda com a certeza de que, em julho, ingressaria na Procuradoria da Fazenda Nacional.

Contudo, os dois meses como Advogada da União me surpreenderam positivamente e a diversidade de matérias com as quais eu poderia vir a trabalhar, que vão desde o direito administrativo, a atuação em questões sobre patrimônio e probidade, a defesa das políticas públicas do país, até a atuação em direito internacional, somada à perspectiva de promoção na carreira a curto prazo, pesaram na hora de decidir qual carreira escolher, destruindo a única certeza que, quando comecei esse texto, relatei: a de ser Procuradora da Fazenda Nacional.

Posso dizer que, hoje, me sinto realizada profissionalmente na AGU e, apesar de todos os problemas enfrentados pela Advocacia Pública Federal, nos últimos anos, tento colocar sempre em primeiro lugar a minha satisfação pessoal em defender judicialmente o Estado Brasileiro e suas políticas públicas. E, assim como sou feliz na AGU, certamente seria na PFN, pois é o trabalho do advogado público que me estimula diariamente, seja ao realizar uma sustentação oral, seja ao ter provido um recurso que gera economia de milhões para os cofres públicos e para todos os cidadãos brasileiros.

Por isso, colegas, mantenham o foco na carreira para a qual vocês se julgam vocacionados e não deixem as dúvidas eliminarem a única certeza que devemos ter: a de que conseguiremos atingir o nosso objetivo com muito estudo, esforço e dedicação. O mais, poderemos deixar para decidir quando for a hora certa. E não há dúvida melhor do que aquela relativa a qual carreira escolher depois da tão sonhada aprovação. Bons estudos! ".

DRA. PAULA SANTOS

Procuradora da Fazenda Nacional, lotada na Coordenação de Direito de Pessoal e Normas da Coordenação-Geral Jurídica da PGFN

"Do meio para o final da faculdade, decidi que iria estudar para concursos e, após me informar sobre as carreiras jurídicas, optei, especificamente, por prestar concursos para Procuradorias, estabelecendo como edital base o de Advogado da União (AGU), no qual constavam as matérias que mais me interessavam. Então, iniciei o meu estudo antes de terminar a faculdade.

Colei grau em janeiro de 2012, época em que já tinham sido publicados os editais dos concursos da AGU e da Procuradoria da Fazenda Nacional (PFN) do ano de 2012. Como eu estava estudando há um tempo e já tinha lido por manuais as matérias básicas, passei a focar nas matérias específicas, que ainda não tinha estudado, como Direito Empresarial, Direito Civil, Direito Financeiro, Direito Internacional, dentre outras.

A prova da AGU de 2012 foi a primeira prova que fiz para valer, no entanto, não consegui atingir a pontuação mínima para ir para a segunda fase. Nesta ocasião, fiquei bem decepcionada, mas sabia que ainda tinha chances de ser aprovada naquele ano, pois ainda restava a prova objetiva da PFN, que ocorreu duas semanas depois, embora soubesse que estava estudando especificamente para a prova da AGU.

Diante disso, nessas duas semanas, estudei muito a legislação tributária específica e fui fazer a prova desapegada, sem ter muita expectativa, e, dessa forma, eu consegui atingir a pontuação exigida para ir para a segunda fase.

No período entre a primeira e a segunda fase da PFN, prestei o concurso da Procuradoria do Estado de São Paulo (PGE/SP) e fui aprovada para a segunda fase, que se deu antes da segunda fase da PFN. Passada essa prova da PGE/SP, estudei prioritariamente para a o concurso da PFN. Inicialmente, senti dificuldade, porque era um concurso que exigia muito conhecimento específico de Direito Tributário e de Direito Processual Civil, mas, apesar disso, logrei a aprovação para a fase oral.

E aí surgiu o desafio de melhorar a minha oratória, que nunca tinha sido muito boa. Sempre tive dificuldade para falar em público e externar o meu conhecimento dessa forma. Nessa fase, o mais importante na minha preparação foi o curso do ATF (um curso jurídico de Recife) e o treino com os outros candidatos.

Por fim, fui aprovada no concurso e, atualmente, exerço, com muito orgulho e felicidade, o cargo de Procuradora da Fazenda Nacional. Portanto, durante a minha preparação para concursos, aprendi que fazer prova é uma etapa essencial para a aprovação, pois ajuda a ganhar experiência, contribui para o amadurecimento do candidato, bem como na fixação do conteúdo estudado, passando-se, também, a se acostumar com a situação de teste, o que melhora a ansiedade e o nervosismo".

DR. MARCELO KOSMINSKY

Procurador da Fazenda Nacional, lotado na Procuradoria Seccional da Fazenda Nacional de Chapecó-SC

"A vontade de ser Procurador me ocorreu no quarto semestre de faculdade (segundo ano), de modo que passei a dar mais importância às matérias de peso nos editais de procuradorias (processo civil, constitucional, administrativo e tributário) desde o começo da graduação, embora sem estudar de forma focada para concursos. Para cada matéria, li ao menos dois bons livros da doutrina.

Além de ter feito uma boa faculdade, acredito que as experiências de estágio que tive foram fundamentais para minha aprovação. Posso dizer que aprendi a ser procurador na Procuradoria do Estado de Pernambuco, órgão no qual estagiei por dois anos com passagens pelo Contencioso Civil, Contencioso Tributário e Execução Fiscal. Ali, aprendi a racionar como um defensor da coisa pública, o que ajuda muito na fase dissertativa.

Também estagiei na Defensoria Pública do Estado de Pernambuco, com atuação em Direito de Família e em escritório de advocacia, com atuação na área de Direito Ambiental, Consumidor e Tributário.

Quando iniciei o último semestre da faculdade, já não mais estagiava (tinha completado dois anos na PGE-PE, tempo máximo permitido), tinha praticamente concluído a monografia e sido aprovado no Exame da Ordem. Só me restava focar os estudos no edital da PFN, que passou a ser meu foco a partir dos rumores de que estava em vias de ser publicado. Na verdade, meu maior desejo era ser Procurador do Estado de Pernambuco, mas a oportunidade fez a ocasião. De arremate, não há carreira melhor para quem gosta de Direito Tributário, assim que não foi difícil motivar-me.

Estudei bastante direito Constitucional, Processo Civil, Tributário e Administrativo durante a graduação, razão pela qual preferi iniciar meu programa focando em matérias também importantes para o certame, mas que não tinha firmado uma base sólida.

Como ainda estava 'verde' nessa coisa de concurso, comprei um livro de Direito Civil, volume único, e comecei a ler, do começo ao fim. Fiz o mesmo com Direito Empresarial. Também estudava alguns capítulos específicos de Processo Civil e Administrativo, resolvia questões de concursos anteriores e comecei a ler informativos 'na tora' (lendo do site dos tribunais mesmo, sem resumos ou consulta a sites explicativos dos julgados).

Após colar grau, em julho de 2011, matriculei-me num curso preparatório para concursos estilo 'carreiras jurídicas', com duração de 01 ano meio e dividido em três módulos, de forma totalmente independente. Só fiz os dois primeiros módulos. Assistia a todas as aulas, mas, quando os rumores da publicação do edital ficaram mais intensos, abandonei as aulas de penal e processo penal. Passei a estudar em regime de dedicação exclusiva, assistindo o curso pela manhã e estudando à tarde e à noite.

Nessa fase, tinha aula das 08h00 às 11h30. Quando não tinha outros afazeres, ia do curso direto para casa, dava um cochilo de 20-30 minutos, almoçava e ia para a biblioteca da UNICAP, onde chegava por volta das 13h00. Tomava um café, batia um papo rápido com amigos concurseiros e me enfurnava na biblioteca.

Estudava das 13h30 às 21h00, de segunda a sexta. A cada 01 hora de estudos, descansava dez minutos (andava, descia escadas, tomava água etc.). Entre 18h30 e 19h00, parava para jantar, tomar um café e bater papo com os concurseiros, voltando aos estudos às 20h00.

Aos sábados, assistia às aulas da pós-graduação pela manhã e estudava à tarde, às vezes até o começo da noite, procurando revisar todos os assuntos estudados durante a semana por meio de resolução de questões e lendo informativos da jurisprudência. Aos domingos, não estudava.

Nesta fase da preparação, valia-me de um método pouco tradicional de estudos. O recomendável pela maioria dos especialistas é que você estude o assunto que será visto em classe antes da aula, ou, ao menos, que faça revisões até uma semana após assisti-las. Contudo, como tinha esse problema com a data da prova (o edital estava na iminência de ser publicado – o que, na prática, acabou demorando vários meses para acontecer...), resolvi estudar outros assuntos do edital por conta própria, de modo a chegar o mais preparado possível para a prova objetiva.

Como, via de regra, já tinha prévio conhecimento dos temas ministrados (afinal, os cursos preparatórios nada mais são do que revisões da graduação com alguns aprofundamentos) e prestava muita atenção às aulas, fazendo, inclusive, um excelente caderno, que até hoje uso para estudos, a estratégia foi muito bem-sucedida.

Iniciei a segunda etapa do curso preparatório em janeiro de 2012. À época, os rumores da publicação do edital estavam fortíssimos, com divulgação de vários atos do Conselho Superior da Advocacia Geral da União – CSAGU (os dados públicos, esclareça-se) no site 'Advogados Públicos', com previsão de prova objetiva para maio (na prática, o edital só foi publicado no final de abril e as provas foram realizadas em julho). Assim, praticamente abandonei o curso e foquei meus estudos em leitura de letra da lei, jurisprudência e resolução de questões, assim como modifiquei meu quadro de estudos, passando a dedicar mais horas a matérias como previdenciário, econômico e financeiro

Nesta fase, acordava por volta das 09h30 da manhã, almoçava às 11h e começava a estudar às 12h00. Isso acelerou absurdamente minha produtividade, pois estudava bastante descansado, não pegava trânsito para ir à biblioteca da faculdade e começava a estudar num período em que quase não havia ninguém nas salas de estudo. Mudei o turno do meu curso para noite e selecionava as aulas que valiam a pena serem assistidas (às vezes preferia ficar na biblioteca até o horário de fechamento – 21h30).

Ao chegar em casa, ligava na TV Justiça e assistia o programa 'Saber Direito'. Muitas vezes assistia também a reprise das sessões de julgamento do STF, de modo que, raramente, dormia antes da 01h00. Passei a estudar todos os sábados ao menos até às 18h00.

Como se pode perceber da minha rotina, minha vida social ficou temporariamente suspensa. Acordava, respirava e dormia concurso. Dei esse gás até a última prova subjetiva (acredito que em novembro...). Depois, fiquei exausto e reduzi drasticamente meu tempo de estudos.

Passei a revisar a jurisprudência do STJ/STF por livros específicos, fixando como objetivo a revisão dos informativos dos três anos anteriores. Os novos, lia na 'tora'.

Resolvi tanta questão da ESAF que às vezes só de começar a ler o enunciado já sabia a resposta. Comprei livros de questões comentadas de constitucional, processo civil, tributário e administrativo. As outras matérias eu treinava num site de resolução de questões.

A leitura da letra da lei era constante. Lia informativos de jurisprudência ao lado do *vade mecum*, e toda vez que algum artigo era citado no resumo dos julgados, consultava-o. Resolvia questões e depois buscava identificar o erro e o acerto de cada alternativa consultando o *vade mecum*, e também o lia como método de estudo independente.

Tive vários quadros de estudos ao longo da minha preparação. Estudava uma ou duas matérias por dia. Quando ainda estava na faculdade, tentei estudar um livro do começo ao fim, só passando a estudar um após o término do outro. Fiz isso com Direito Administrativo e Tributário. Foi muito bom, na época, mas acho pouco prudente fazer isso quando se está preparando para um edital iminente, pois a angústia de estudar outras matérias fará com o que seus estudos sejam subaproveitados. Também acredito que estudar várias matérias ao mesmo tempo ajude na percepção de que o direito é uno, sendo a divisão em ramos meramente didática. Quando se percebe essa unicidade do direito, o aprendizado de matérias que não se tem tanta afinidade fica muito mais fácil!

Em suma, acho melhor estudar várias matérias ao mesmo tempo, de preferência conciliando assuntos correlatos de matérias distintas, de modo a se estudar mais de uma vez o mesmo assunto na semana. P. ex., estudar execução, em processo civil, junto com obrigações, em direito civil. Estudar responsabilidade civil da administração com responsabilidade civil no Direito Civil. Estudar o Poder Judiciário, em Constitucional e competência, em Processo Civil etc.

Financeiro e econômico foram matérias que me programei para revisar bastante às vésperas da prova, assim como alguns assuntos que reputo mais decorebas, como competências constitucionais, contratações públicas etc. O objetivo foi revisar a letra da lei perto da prova objetiva.

Praticamente não estudei penal, processo penal, trabalho e processo do trabalho. No edital da PFN só caem 04 questões destas matérias, que, juntamente com Direito Previdenciário (04 questões), compõem o grupo 03. Preferi apostar minhas fichas em previdenciário.

Li ao menos duas vezes uma sinopse, decorei toda a lei 8.212 e a parte constitucional (que não deixa de ser parte do

Direito Tributário.) e acho que resolvi todas as questões que a ESAF já elaborou sobre a matéria. Estudei trabalho e processo do trabalho pela leitura de um resumo da Editora Saraiva, que tem as duas matérias em poucas páginas. Em penal, li apenas alguns informativos sobre crimes contra a ordem tributária. Processo penal, zero! A estratégia foi arriscada, mas comigo deu certo. Acertei as quatro de previdenciário e ainda ganhei um bônus acertando uma questão de trabalho e de penal (na verdade, a questão de Penal da prova da PFN/2012 foi de Direito Administrativo...).

Também tive sorte. Na semana de véspera da prova, li informativos que foram cobrados na prova objetiva. Lembro bem de uma questão de Processo Civil cuja alternativa correta falava sobre a aplicação da teoria da encampação no mandado de segurança, que havia lido três dias antes do fatídico domingo.

Na segunda fase, a primeira prova era à tarde. Acordei de manhã e pensei: vou estudar alguma coisa.... Resolvi ler súmulas da AGU sobre contratações públicas. E o tema do parecer? Análise de um caso de contratação pública cujo espelho da resposta, relativamente a um dos tópicos abordados, consistia no entendimento de uma súmula que havia lido horas antes! Também destaco que fiz um curso preparatório específico para a segunda fase da PFN, tendo a professora abordado em sala uma das questões da prova.

Fiz dois cursos preparatórios para prova oral que consistiam em simulações. Um mais voltado para postura diante do examinador, outro para conteúdo. Num curso, o professor me fez a seguinte indagação: 'É possível a execução de sentença declaratória?'. No outro, me perguntaram sobre processo coletivo e as ações tributárias, exatamente as duas questões que me foram perguntadas na prova oral de processo civil.

Quanta sorte, hein? Pois é... Mas veja que se eu não tivesse revisado informativos, estudado as súmulas da AGU e feito dois cursos preparatórios de forma dedicada, não teria a mesma sorte! Em suma, nada mais verdadeiro do que a famosa frase 'quanto mais se estuda, mais sorte se tem'.

Para prova oral, montamos um grupo de estudo para praticar arguições, eu e os hoje também Procuradores da Fazenda Nacional Clóvis Monteiro e Mariana Corrêa, aprovados, respectivamente, em 10º e 03º lugar no concurso. Ou seja, nisso também tive sorte: juntei-me para estudar com os melhores!

Durante a semana, revisávamos os principais tópicos da matéria e elaborávamos questões. Na quinta ou sexta-feira, nos reuníamos na casa de alguém e fazíamos as indagações, numa espécie de simulação das arguições da banca. Foi muito produtivo!

Foi quase um ano de prova (maio de 2012 – prova objetiva –, a fevereiro de 2013 – prova oral) e já não aguentava manter o ritmo inicial de estudos. Após a segunda fase, dificilmente lograva mais de 03 horas liquidas diárias de estudos, o que me angustiava bastante. Também sentia isso em outros colegas. A gente vai perdendo o pique, mas o importante é não parar e sempre fazer o máximo possível, respeitando os limites do corpo e da alma.

Pode parecer que um ano de estudos não é muita coisa, mas acredito que o meu grau de concentração tornava tudo mais desgastante, embora também mais produtivo. Enquanto estudava, ficava incomunicável. Nada de celular. Quando queria consultar a jurisprudência, usava um tablet que não tinha aplicativos de rede social. Meu celular permanecia desligado e eu o ligava naqueles intervalos de 10 minutos, o que fazia apenas para saber se o mundo não tinha acabado. Briguei com pessoas queridas e naturalmente diminui meu ciclo de amizades, mas a missão dada foi cumprida.

Além de estudar (muito) sozinho, é preciso saber assistir aula. Anotar, conferir as lições doutrinárias com o entendimento atual da jurisprudência, consultar a lei do assunto que foi visto em sala. Cobrar menos do professor e mais de si próprio. O maior culpado do seu sucesso ou fracasso, ao final, é você mesmo.

Acredito que a primeira fase do concurso seja a mais difícil de todas as etapas, ao menos para aqueles que se preparam com foco para carreira. A prova da ESAF é tradicionalmente coerente o dia a dia do Procurador da Fazenda Nacional, razão pela qual quem realmente gosta das atribuições do cargo tende a ter mais facilidade.

Além da disciplina, do estudo por método, da organização (com estabelecimento de metas de médio e longo prazo), da utilização do material adequado, dos cursos, da boa base que tive na faculdade, das experiências de estágio, do apoio familiar, de amigos e da namorada (hoje esposa), gostaria de destacar como importante fator na minha aprovação o foco.

Na minha trajetória fui reprovado em alguns concursos tidos como mais fáceis (advogado da caixa, por exemplo), assim como, embora aprovado, nem cheguei perto de ser nomeado em outros tantos (oficial de justiça e analista do TJPE, e Analista do Tribunal Regional do Trabalho). Levei ponto de corte na primeira fase da AGU. Contudo, fui aprovado, poucos meses após estes resultados, em todas as fases da PFN, ficando sempre entre os 100 primeiros e terminando dentro do número de vagas previstas no edital. A razão? O foco!

Por foco me refiro não somente a ler cada doutrina, cada artigo de lei, cada julgado e assistir cada aula pensando na utilidade prática daquele conhecimento para o no dia a dia de um Procurador da Fazenda Nacional, mas em imaginar o dia da aprovação diariamente.

Todos os dias quando ia para a biblioteca, pensava no meu carro novo, que teria a placa 'PFN-2012'. Imaginava-me com os colegas de trabalho discutindo questões jurídicas complexas, despachando com juízes, desbaratando complexos ilícitos tributários, pegando os grandes sonegadores, fazendo justiça fiscal, enfim.

Vi a vitória antes e durante a batalha, mas sem me iludir por um segundo sequer. Resolvia muitas questões ESAF para saber o quanto seria difícil o caminho, mas sonhava com a vitória para saber o quanto valeria a pena trilhá-lo.

Durante a trajetória, é natural encontrar pessoas que não acreditam em você. Um simples olhar é suficiente para sabermos quem de fato acredita nos nossos projetos. Nesses momentos, é essencial a autoconfiança. Algumas pessoas riam quando contava que acordava às 09h30 para estudar. Eu ria com eles. Melhor gastar minhas energias com estudos do que explicando que tem gente que funciona melhor à tarde e à noite. No final, minha aprovação calaram os risos.

Finalmente, gostaria de registrar que a carreira de Procurador da Fazenda Nacional é excelente. Se você gosta de Direito de Tributário, não existe concurso público melhor para se fazer. Em comparativo com outras procuradorias, temos uma estrutura razoável. Acredito que nossas maiores dificuldades são os (péssimos) sistemas, a falta de pessoal de apoio e a defasagem remuneratória em relação às demais funções essenciais à justiça, mas existem projetos que tendem a mudar tal realidade. Sem dúvidas, a maior dificuldade é morar longe dos familiares e dos amigos. Tudo bem que qualquer concurseiro tem de estar disposto a isto, mas no caso da advocacia pública federal me parece que o problema é um pouco mais grave, especialmente para os nordestinos e cariocas.

No mais, desejo ao leitor boa sorte e peço que entre em contato após a aprovação!

Abraço! ".

DR. ALEXANDRE DE ANDRADE FREIRE

Procurador da Fazenda Nacional, lotado na Procuradoria Seccional da Fazenda Nacional de Santos-SP

"Logo que ingressei no curso de Direito, em 2007, percebi que os concursos públicos seriam uma excelente escolha para conseguir o primeiro emprego e, ao mesmo tempo, adquirir a tão sonhada estabilidade financeira enquanto estava na faculdade.

Em razão disso, já no segundo semestre da faculdade de Direito, decidi me inscrever no primeiro concurso público para concorrer a uma das vagas de nível médio do Tribunal Regional Federal da 5ª Região.

Frequentei cursos direcionados, mas, diante da proximidade da prova, bem como da imaturidade nos estudos, não obtive a aprovação.

Contudo, não desisti. Sabia que era um processo de evolução e crescimento.

Observando os colegas mais experientes dos cursos para concursos, percebi que muitos se preparavam, inclusive, sem ainda possuir uma data certa para a publicação do edital. Sendo assim, matriculei-me novamente em um novo curso para concurso.

Acreditando ser possível obter a aprovação no próximo concurso, com o apoio de meus pais e da minha namorada, passei a frequentar o curso de segunda a sexta-feira, das 08h às 18h.

Lá, revezava entre aulas, estudos e resolução de questões. Já a noite, muito cansado, frequentava a faculdade, de onde só largava às 22h.

Surgiu um novo concurso, para o mesmo cargo, sendo desta vez para o Tribunal Regional do Trabalho de Alagoas. Neste, tive contato pela primeira vez com a aprovação.

Fiquei muito feliz com o resultado, mas, logo percebi que o critério de desempate pela idade havia me prejudicado, levando-me a ocupar a última colocação no desempate com outros 50 concorrentes. Nessa época, estava com apenas 19 anos.

No quarto semestre da faculdade, ingressei no estágio da faculdade que me ocupava toda a manhã, ficando somente com a tarde livre, a qual aproveitava para prosseguir nos estudos.

Apesar da rotina extremamente cansativa, realizei mais três provas (TRT-BA, TRT-CE e TRT-MG). Destas, não consegui ser classificado no TRT-BA, mas tive de saldo positivo os outros dois tribunais (TRT-CE e TRT-MG).

Contudo, pela classificação não ter sido das melhores e, ainda, agravada pelo último critério de desempate (a idade), percebi que a nomeação demoraria mais do que planejava.

Apesar das aprovações, fiquei muito chateado com o cenário em que me encontrava.

Já estava no sexto semestre da faculdade e a aprovação acompanhada da sonhada nomeação ainda não tinha chegado, nem parecia estar próxima, apesar de tanto esforço e dedicação dos últimos dois anos e meio.

Foi quando, através da minha namorada, tomei conhecimento da atuação da Advocacia Geral da União e da história do seu chefe no estágio que realizava na Procuradoria Regional Federal da 5ª Região.

Ela me relatou, dentre outras coisas, que ele foi aprovado no concurso de Procurador Federal no penúltimo semestre da faculdade, momento no qual a faculdade antecipou a colação de grau e ele tomou posse no cargo.

Com esta notícia e sonhando com possibilidade de fazer o mesmo, fiquei bastante curioso e fui em busca de orientações para saber como ele estudou, quais livros utilizou e quais técnicas utilizou.

Neste momento, cheguei à conclusão que o tempo necessário para ser aprovado e nomeado em um concurso de nível médio poderia ser o mesmo para ser aprovado e nomeado no concurso de Procurador Federal.

Então, no sétimo semestre da faculdade, parei de estagiar, comprei os livros indicados e passei a frequentar a biblioteca da faculdade, diariamente, das 07h30 até 18h00.

Como o edital era muito extenso e um estudo completo passava por videoaulas, leitura de livros, resolução de questões, reduzi minha frequência nas aulas da faculdade ao máximo, ao ponto de chegar próximo da reprovação por faltas.

O edital do concurso para Procurador Federal foi publicado, mas não me inscrevi, pois havia acabado de iniciar os estudos direcionados.

Em função disso, precisei estabelecer uma nova meta, uma prova do mesmo nível, mesma remuneração e com atribuições semelhantes. Passei a estudar para o cargo de Advogado da União, carreira, também, integrante da Advocacia Geral da União, assim como o cargo de Procurador Federal.

Passado um tempo, com o estudo direcionado para o cargo de Advogado da União, e a bagagem de conhecimento acumulado, resolvi fazer mais um concurso de tribunal, desta vez, para os cargos de nível médio e superior do TRF da 1ª. Região. Viajei para Brasília para realizar as provas, nos turnos da manhã e da tarde. Não esperava, mas já nesse concurso, obtive duas aprovações em ótima classificação, para os cargos de Técnico Judiciário e Analista Judiciário.

Neste momento, sabendo que a nomeação estaria próxima, não tive mais dúvidas, decidi não mais desviar os estudos para participar de concursos de Tribunais.

Contudo, como o edital para Advogado da União não tinha previsão de publicação, visando a testar o nível em que me encontrava, bem como para aliviar um pouco a ansiedade, fui realizar outras provas de concursos e acabei sendo, também, aprovado neles, como Advogado da Caixa, Analista do Superior Tribunal de Justiça e Analista do Tribunal Regional Federal da 2ª Região.

Quando chegaram os dois últimos semestres da faculdade, foi um período mais estressante, pois precisava conciliar o ritmo frenético de estudos para concurso com a elaboração do trabalho de conclusão de curso, bem como a preparação para OAB, sobretudo, a sua segunda fase.

Enfim, passei na OAB, apresentei o trabalho de conclusão de curso e colei grau no curso de Direito em meados de janeiro de 2012.

Agora, eu tinha mais tempo para me dedicar na realização do meu objetivo.

Continuei estudando, mas não demorou muito e cinco meses depois de formado *saíram* os concursos para Advogado da União e Procurador da Fazenda Nacional.

As disciplinas cobradas eram bem semelhantes, mas as provas eram elaboradas por bancas examinadoras diferentes e com regras de ponto de corte diferentes, o que exigia uma preparação específica e direcionada.

Fiz a inscrição para os dois concursos, mas escolhi concentrar os estudos para a prova de Advogado da União.

Apesar dos esforços dos últimos anos, das aprovações em diversos concursos, por uma razão qualquer, não fiz uma boa prova para Advogado da União e acabei sendo reprovado.

Para mim, essa reprovação foi uma enorme queda.

Depois de diversas aprovações, imaginava que a passar no concurso de Advogado da União seria uma mera consequência do meu esforço ao longo de todos os anos de estudos.

De fato, não havia me preparado para a reprovação neste concurso em específico.

Fiquei muito decepcionado com meu desempenho e, nesse momento, perdi a vontade de continuar estudando para concursos. Afinal, um novo concurso para Advogado da União demoraria mais uns três anos para acontecer novamente.

Pouco menos de um mês depois, chegou a data da prova da Procuradoria da Fazenda Nacional.

Mesmo desacreditado, fui fazer a prova. Quando terminou, voltei para casa mais decepcionado ainda. Tinha sido a prova mais difícil de que já havia participado.

Pensei em ficar aguardando a nomeação dos outros concursos em que tinha sido aprovado, pelo menos, por enquanto, em que estava muito triste.

Enfim, foi divulgado o resultado da Primeira Fase do concurso de Procurador da Fazenda Nacional e, apesar de não acreditar, havia conseguido ser aprovado nesta fase.

Foi recompensador, revigorante ver meu nome na lista. Renovou minhas energias.

A partir daí, os desafios aumentaram, pois nunca havia me preparado especificamente para a prova de segunda fase, a discursiva.

Parti em busca de orientação e encontrei uma equipe de professores maravilhosos nos cursos de Recife, os quais direcionaram meus estudos para aquela nova etapa.

Fui aprovado na segunda fase. Apresentei os títulos referentes à fase de apresentação de títulos e segui em busca de orientação para a terceira fase, a prova oral.

Mais uma vez, não sabia como me preparar para esta fase do concurso e, novamente, os professores certos fizeram a diferença.

Nesse momento, a participação em simulados com outros colegas também aprovados e sob a supervisão de professores experientes foi fundamental para ensinar como se comportar no dia, desinibir e passar a tranquilidade necessária.

No dia da prova oral, já tendo uma ideia do que me aguardava, consegui controlar o nervosismo e as coisas aconteceram normalmente. Terminei a prova oral com a sensação de aprovação.

Naquele momento, senti-me realizado, embora ainda não tivesse o resultado em mãos.

Um fato interessante é que, quando fui convocado para participar da prova oral a ser realizada em Brasília, também fui convocado para tomar posse no cargo de Técnico Judiciário do TRF da 1ª Região, também em Brasília.

Em razão disso, já viajei para Brasília sabendo que só retornaria a Recife pelos próximos tempos a passeio.

Cinco meses após a prova oral e a posse no TRF da 1ª Região, enfim, tomei posse no cargo de Procurador da Fazenda Nacional, tendo acabado de completar 24 anos de idade.

Tal fato fazia com que sempre aparecessem pessoas comentando que eu havia obtido a aprovação muito rápido em um concurso dificílimo.

Em realidade, como se pode perceber, nada aconteceu do dia para a noite.

A aprovação foi o resultado de longos anos de abdicação de saídas e viagens, cansaço, estresse, planejamento, leitura, exercícios, repetições, investimentos de tempo e dinheiro, autoconhecimento e momentos de alegria e tristeza.

Por outro lado, a aprovação foi fruto de muito apoio e paciência das pessoas mais próximas, sobretudo, dos meus pais e minha namorada.

Os estudos consistiam em assistir aulas, leitura da lei repetidas vezes, estudos por livros especializados para concursos, resolução de questões e acompanhar a jurisprudência dos Tribunais Superiores.

Até a primeira fase do concurso de Procurador da Fazenda Nacional, passaram-se aproximadamente dois anos e seis meses, sendo dois anos durante a faculdade e seis meses após a colação de grau.

Sempre fui bastante disciplinado durante a semana, deixando para aproveitar e descansar nos finais de semana. Claro, procurava não realizar atividades nos finais de semana que pudessem reduzir minhas energias ou comprometer meu desempenho durante a semana. No domingo *à* noite, já planejava os estudos da semana.

Normalmente, estudava quatro disciplinas durante a semana, sendo uma por turno (manhã e tarde).

À medida que terminava alguma delas, inseria uma nova até esgotar o edital, mas sempre dando prioridade as disciplinas com maior peso e dificuldade.

Reputo fundamental, ao longo da preparação, o candidato se auto motivar, seja através de músicas, vídeos, mensagens positivas e depoimento de aprovados. Afinal de contas, não é nada fácil manter-se motivado e focado por tanto tempo.

Diria que, na preparação para concursos públicos, sempre devemos ter em mente algumas palavras, buscando exercitá-las. Algumas delas são: paciência, disciplina, persistência, humildade, creditar, força, foco e fé.

Por fim, posso dizer com convicção que tudo valeu a pena! ".

DR. PAULO HENRIQUE PROCÓPIO FLORÊNCIO

Procurador do Estado de São Paulo, lotado em Brasília-DF.

"Iniciei meus estudos para concursos públicos nos últimos períodos da faculdade. Quando me formei, já ocupava o cargo de técnico judiciário no Tribunal de Justiça de Pernambuco, e continuei estudando para concursos de tribunais, conciliando com o horário do trabalho. Contudo, em função das afinidades com a matéria, do interesse no campo profissional e dos atrativos que a carreira proporcionava, decidi investir nos concursos de advocacia pública. Em sua grande maioria, não exigem tempo de prática jurídica, diferentemente dos concursos da magistratura e do Ministério Público.

Resolvi concentrar todos os meus esforços no estudo para os concursos de advocacia pública, principalmente para a Advocacia Geral da União e Procuradoria Geral da Fazenda Nacional, combinando com os concursos das procuradorias estaduais. Para ter tempo suficiente e obter o resultado mais rapidamente, pedi exoneração do cargo de técnico judiciário. Decidi que, independentemente do resultado que viesse a obter nas provas, jamais iria lamentar o fato de ter me exonerado do cargo, já que eu tinha pretensões maiores e ainda podia contar com o apoio dos familiares.

Inicialmente, as notícias não foram boas, pois o governo federal decidiu que iria suspender os concursos públicos. Mas vi ali uma oportunidade de ganhar mais experiência enquanto o edital não era publicado, uma vez que ainda não me sentia totalmente preparado para a aprovação. Dividi minha rotina em aulas tele presenciais, aulas *on-line*, estudo da doutrina por sinopses e material direcionado para concursos, estudo dos informativos de jurisprudência, e resolução de questões das principais bancas examinadoras. Para não atropelar as matérias e seguir um método de preparação, eu me limitava a estudar poucas matérias simultaneamente, tentando vencer o edital para cada assunto. Eu não tinha final de semana, feriado, férias, mas naturalmente alguns dias rendiam muito mais do que outros.

Após alguns meses, foram publicados alguns editais de procuradorias estaduais, municipais e de empresas estatais. Fiz a inscrição da Procuradoria Geral do Estado do Mato Grosso, da Petrobrás S.A., da Procuradoria Geral do Estado do Rio Grande do Sul, do Paraná e de São Paulo. Na prova objetiva da PGE-MT, já tive um ótimo resultado, o que me deixou muito confiante para seguir nos estudos. Logo em seguida, fiz a prova da Petrobrás, que exigia o conhecimento de alguns assuntos específicos. Não tive tempo de me dedicar rigorosamente ao edital, mas, ainda assim, fiz boa prova objetiva e subjetiva, o que levou à minha primeira aprovação em concurso de nível superior.

Antes da segunda fase do concurso da PGE-MT, realizei o certame da PGE do Paraná, que concentrava, no mesmo final de semana, as provas objetiva e subjetiva. Quando saiu o resultado da primeira prova, fiquei muito decepcionado, pois tinha feito uma boa prova subjetiva, e tinha muita esperança na classificação. Minha nota não foi suficiente por uma questão apenas! Quando vi o gabarito definitivo divulgado, com as justificativas da manutenção, senti que não poderia concordar passivamente com respostas que contrariavam diretamente dispositivos da legislação. Então decidi impetrar mandado de segurança contra o ato da Comissão do Concurso, e obtive provimento liminar que garantiu a correção da minha prova subjetiva. Apesar de tudo, não obtive êxito na PGE do Paraná.

Esta foi uma fase bem difícil, porque tinha deixado de me dedicar a outros concursos, como aquele da PGE-MT, em andamento à época, para focar na Procuradoria do Paraná. Mas logo vieram bons resultados, com a aprovação na PGE do Mato

Grosso, em 3º lugar, e na PGE do Rio Grande do Sul, em 2º lugar. Logo depois, foi divulgado o edital para o concurso da Procuradoria Geral da Fazenda Nacional, bem como da Procuradoria Geral do Estado de São Paulo. Quando fiz as provas objetivas destes concursos, eu ainda morava na casa dos meus pais e não trabalhava, mas a aprovação e classificação nos concursos anteriores já me davam a tranquilidade que eu precisava para continuar os estudos sem tanta pressão. Nas fases seguintes, eu já estava trabalhando, inicialmente na Procuradoria Geral do Estado do Rio Grande do Sul, e, em seguida, na Procuradoria Geral do Estado do Mato Grosso.

Lembro ainda da primeira fase do concurso da PFN. Foi talvez a prova objetiva mais difícil que eu já realizei, pois exigia não somente um bom nível de conhecimento sobre as matérias, mas também um bom controle do tempo. Alguns colegas que estavam muito bem preparados, e há muitos anos se preparando especificamente para esta prova, não obtiveram sucesso já nesta primeira fase. Na segunda e terceira fases, apesar de já não conseguir manter o mesmo ritmo dos estudos, o conhecimento acumulado com as experiências anteriores favoreceu para o resultado positivo que alcancei.

Enfim, tentei aqui resumir a trajetória que me levou a um bom resultado nos concursos públicos. Apesar de não existir uma fórmula mágica, ou um método isolado que possa servir para todos indistintamente, acho muito válido compartilhar as experiências de sucesso, de modo que cada um possa aproveitar da sua maneira, dentro das suas disponibilidades e interesses."

DR. IURI DANIEL DE ANDRADE SILVA

Procurador da Fazenda Nacional, lotado na Procuradoria Seccional da Fazenda Nacional em Mogi das Cruzes-SP

"Concluí em 2007 o curso de Direito.

Exerci durante um ano a Advocacia Privada, mas sabia que minha vocação estava ligada ao direito público e à coisa pública. Por isso, a princípio, foquei meus estudos em carreiras de Ministério Público, mesmo não tendo completado o requisito constitucional dos 3 anos.

Ao longo de minha preparação, fui aprovado para a carreira de Analista Judiciário de Tribunal de Justiça, ocasião em que pude analisar, de perto, o cotidiano da atuação de profissionais de várias carreiras estaduais no interior de Estado. Aquela experiência, sem dúvida, fez crescer minha admiração por tais carreiras, diante da nobreza das funções e da dedicação exemplar de Promotores e Juízes com quem convivi.

Em seguida, assumi o cargo de Analista Judiciário do Tribunal Regional Eleitoral da Paraíba. Pouco tempo depois, dei um dos passos mais importantes em minha vida: casei-me com minha querida esposa Ráfia. Vieram a preparação para casamento, a lua de mel e todas as consequências e alterações de estilo de vida que advém com o início de matrimônio.

O tempo, as experiências vividas e a predileção por certas matérias jurídicas me fizeram compreender que a Advocacia Pública seria um objetivo que combinaria com minhas preferências, sem me fazer abandonar o norte inicial de trabalhar em favor da satisfação do interesse público. Fui, aos poucos, percebendo que a Advocacia Pública também se encaixava em meu perfil.

Conciliar trabalho, estudo e tentar, minimamente, ser um bom marido não seria tarefa fácil. O concurso exige muito das horas livres. Ao mesmo tempo, Deus e a família – necessariamente nesta ordem – deveriam ser priorizados, sob pena de, ruindo os alicerces espirituais da minha vida, todo o estudo árduo ser desperdiçado em razão de desequilíbrio espiritual e emocional.

Creio que o segredo de minha aprovação correspondeu ao fato de, com estratégia, ter organizado o tempo de forma harmoniosa, aproveitando, com intensidade, os momentos dedicados a cada esfera da vida.

Assim, por exemplo, como minha jornada de trabalho iniciava ao meio-dia e encerrava às 19h, procurei acordar mais cedo todos os dias, aproveitando bem as manhãs quanto aos estudos para concurso. À tarde, dedicava-me a fazer o melhor trabalho possível como servidor público. À noite, porém, era hora de desligar-me de tudo para conectar-me intensamente com Deus, nas minhas meditações bíblicas e nas idas à Igreja, bem como conectar-me à minha esposa, ouvindo-a e saindo um pouco de casa – quando o orçamento deixava, é claro.

Meus sábados também renderam ótimos estudos. Procurava estudar até às 18h. A partir daí o final de semana efetivamente começava e eu precisava aproveitar com intensidade cada instante do sábado à noite e do domingo. A Igreja e a companhia de minha esposa, em pouco tempo, já recarregavam minhas baterias para a segunda, quando o ciclo de estudos recomeçava.

Estudar muito, de forma organizada, é fundamental para a aprovação, ao menos se você é uma pessoa normal, como eu. Há sempre pessoas acima da média, que conseguem apreender mais em muito menos tempo. Os gênios ficam em 1º lugar, mas, felizmente, os concursos não têm apenas uma vaga. Mesmo os concursos com cadastro de reserva chamam mais que apenas os gênios...

Descobri que o lazer era parte do meu processo cognitivo. Sempre que tentava estudar aos domingos, por exemplo, percebi que a rotina de estudos e o humor ficavam prejudicados para os estudos durante a semana vindoura. O cérebro funciona melhor quando estamos felizes!

Prestei meu primeiro concurso para carreiras da AGU em 2010. Sentia que estava preparado, mas cometi um erro comum aos concurseiros. É que nos dedicamos muito nas matérias do concurso, mas não paramos para ler os editais. O edital previa que duas questões erradas anulariam uma questão correta. Ora, nesta sistemática, o candidato não deve deixar questões 'em branco', pois a probabilidade de acertos é maior que a de erros. Além disso, o peso dos acertos é maior que o dos erros, o que tende a elevar a pontuação. Não fiz os cálculos: deixei muitas questões em branco e acabei malogrando...

Aquela prova foi uma grande decepção. Foram dois dias sem dormir bem, pensando nos meus erros e tentando me recompor. Mas a lição estava aprendida: é preciso ler o edital!

O próximo concurso para carreiras da AGU só veio em 2012. Veio, porém, em duplicidade: seriam realizadas provas para Advogado da União e para Procurador da Fazenda Nacional. Na mesma época, já transcorria o concurso de Promotor de Justiça do meu Estado.

Na verdade, quando foram publicados os editais dos concursos das carreiras da AGU, o concurso do Ministério Público estadual já estava em fase oral. Então, tive que organizar bem meu tempo para não correr o risco de reprovação na fase oral referida, sem perder de vista as fases objetivas das provas de Advogado da União e de Procurador da Fazenda.

Consegui aprovação nas fases objetivas das carreiras da AGU. Em seguida, passei também nas fases subjetivas e fiz a prova oral quase na mesma época em que me submeti à prova de Tribuna da carreira de Promotor de Justiça. Felizmente, obtive êxito em todas as provas.

Agora, me vi diante de um problema. Um problema bom é verdade! Era preciso escolher a carreira mais adequada para mim no momento.

A primeira carreira a nomear foi a de Advogado da União. Prontamente, assumi e passei um tempo atuando em Brasília. Achei a carreira excelente. Havia muitas matérias e grande leque de opções para trabalho.

Alguns meses depois, fui nomeado para o cargo de Procurador da Fazenda Nacional. A matéria da atuação do PFN sempre me agradou muito. Atuar em direito tributário, em um escritório público tão especializado me chamava muito a atenção e, no final, falou alto. Escolhi a carreira de Procurador da Fazenda, atuando atualmente no Estado de São Paulo.

Algum tempo depois, fui nomeado para o cargo de Promotor de Justiça. O dilema agora era imenso, sobretudo, por se tratar de carreira a ser exercida em meu Estado de origem. Dou graças a Deus pelo apoio de minha família nesta hora tão importante de decisão. Pesou para mim a identificação que já tinha alcançado em relação à carreira de Procurador da Fazenda. Fico feliz com a escolha que fiz, mas tenho profunda admiração pela carreira do Parquet. Aliás, conheci grandes homens e mulheres no Curso de Formação – que, à época, era etapa do concurso. Sei que o Ministério Público de meu Estado está em boas mãos.

Se a Bíblia afirma que nossos dias são um conto ligeiro, eis o conto ligeiro de minha experiência profissional. Se há algo que fiz do qual não me arrependo, como disse, foi separar bem os meus horários e entender que é preciso priorizar o que nos faz feliz. Mente feliz é mente que aprende com mais facilidade. Aproveito a oportunidade deste depoimento para endereçar ao Senhor Jesus Cristo a profunda gratidão pela experiência vivida".

9

MENSAGEM FINAL

Conviver com desafios e ultrapassar obstáculos não é algo exclusivo do estudo para concursos públicos, mas inerente à vida em sociedade. Seja na advocacia privada, no magistério, no exercício de um cargo público, ou em diversas outras atividades rotineiras, sempre nos deparamos com situações que parecem ser impossíveis de serem resolvidas, mas com dedicação e empenho logramos êxito em superá-las.

É certo que a aprovação em um concurso público, sobretudo os concursos de carreiras jurídicas, é difícil e exige comprometimento, planejamento, organização e disciplina. No entanto, se o exercício de um cargo público é algo com o qual, realmente, se possui afinidade e o que se almeja alcançar, não duvide de si ou desista do seu sonho em virtude das dificuldades com as quais terá que conviver para atingi-lo.

Escolha com paciência e cuidado a carreira com a qual se identifique e deseje seguir, pois o exercício do seu cargo ocupará um terço do seu dia, rotina que durará quase metade da sua vida. Portanto, tenha a certeza de que você conhece bem as atividades a ele relacionadas e que terá prazer em exercê-las.

Planeje-se, organize-se, tenha disciplina e lute pelo seu sonho. Não desista quando se deparar com dificuldades ou quando parecer impossível a aprovação mesmo após imenso tempo de estudo. Não se pode prever o momento da aprovação, pois muitos são os que estudam e se dedicam para alcançá-la, mas, certamente, um dia, todo o seu esforço será recompensado e você terá o merecimento de vivenciar este momento, em que constatará quantos obstáculos foram superados e que todo o esforço e abdicação valeram a pena, e terá orgulho de exercer o cargo que tanto almejou.

Com toda sabedoria de William Shakespeare,

Aprende que o tempo não é algo que possa voltar. Portanto, plante seu jardim e decore sua alma, em vez de esperar que alguém lhe traga flores. E você aprende que realmente pode suportar... que realmente é forte, e que pode ir muito mais longe depois de pensar que não se pode mais. E que realmente a vida tem valor e que você tem valor diante da vida! Nossas dúvidas são traidoras e nos fazem perder o bem que poderíamos conquistar se não fosse o medo de tentar.

Toda grande jornada começa com um pequeno passo, e cabe apenas a você, com seu esforço, trilhar o seu caminho. Ande, corra, caia, lute e levante, mas nunca mude de direção ou se arrependa de ter iniciado esta caminhada. A jornada é sua, não admita qualquer outro final que não a aprovação.

www.editorajuspodivm.com.br